IA Generativa. La nueva era de la información

IA Generativa

La nueva era de la información

Pepe Cerezo (coord.)

DIGITAL JOURNEY

Biblioteca Digital Journey
Director de la colección: Pepe Cerezo

'

IA Generativa. La nueva era de la información
Primera edición: octubre de 2024

© De los textos: sus autores, 2024
© De esta edición:
    Digital Journey, 2024 / www.digitaljourney.es
    Trama editorial, 2024 / www.tramaeditorial.es

Diseño de la colección: Miguel San José Romano

ISBN: 978-84-129299-0-4
Depósito Legal: M-22366-2024

Impreso en España / *Printed in Spain*

EL NEGOCIO

Biblioteca Digital Journey

Deconstruyendo la sociedad digital

Pepe Cerezo

La colección que inaugura este libro es el primer proyecto asociado a Digital Journey. Un objeto físico, el libro, que se ha demostrado a lo largo de los siglos como una de las tecnologías más innovadoras y creativas de la humanidad. Lanzar en 2024 una colección en papel, de libros de pensamiento y debate sobre la transformación digital, y empezar por el impacto de la IA generativa es, por tanto, una declaración de intenciones. Este libro pretende ser el primero de una iniciativa profesional y vital de largo alcance.

Digital Journey nace como un centro de pensamiento y debate (*Think Tank*) cuyo objetivo es analizar y repensar de forma crítica el impacto de la digitalización en la sociedad, proponiendo soluciones y alternativas para un desarrollo sostenible e igualitario. Aunque en los últimos años han surgido algunos foros de debate y pensamiento como iniciativas de la sociedad civil, lo cierto es que en España, con escasa tradición en este ámbito, los *Think Tanks* han estado en gran medida vinculados a partidos políticos u organizaciones públicas. Nuestra intención es ofrecer un espacio –físico y virtual– independiente, destinado a la reflexión sobre el modelo de sociedad digital que queremos construir.

En el contexto de la economía de la atención, donde en gran medida se ha producido una enorme polarización y privatización de los espacios públicos de pensamiento, se hacen cada vez más necesarios entornos independientes de debate, que ofrezcan una perspectiva diversa sobre el modelo de sociedad digital que queremos.

Conforme avanza la digitalización, y su implantación alcanza ya todos los ámbitos, es necesario una nueva mirada, más crítica y responsable. En este sentido, el papel de los *Think Tanks* y de las diferentes organizaciones de la sociedad civil son cada vez más relevantes. Nuestro proyecto quiere contribuir a moldear un futuro digital que sea más justo, igualitario y centrado en las personas, asegurando que los beneficios de la tecnología se distribuyan de manera equilibrada y sostenible. Intentar ser el nexo entre los diferentes agentes sociales –administraciones, universidades, organizaciones públicas y privadas–, pero con el foco puesto en los ciudadanos.

Entendemos la transformación digital como la adaptación y consolidación de nuevas estructuras sociales, económicas y culturales. Nuestra intención es facilitar una voz para que la sociedad civil consiga que el progreso digital sea inclusivo y beneficioso para todos. Su participación y articulación es fundamental en todos los ámbitos, pero especialmente ahora que la inteligencia artificial ha venido a acelerar todo este proceso transformador.

Por todo ello, queríamos que el primer proyecto que lanzamos fuera poner en marcha una colección de libros con el objetivo de crear un corpus de pensamiento en español sobre el impacto de la digitalización –con especial atención a la IA– en los diferentes ámbitos de la sociedad, la economía y la cultura.

Queremos que este proyecto sea algo más que una colección de libros de pensamiento, prospectiva, sin olvidar el carácter divulgativo. Nuestra ambición es que su enfoque técnico no se sea una barrera para que el debate social se dé de forma transversal e inclusiva.

Con el hilo conductor de la transformaron digital, cada libro se afrontará desde perspectivas y formatos diferentes: ensayo, recopilación de artículos originales, entrevistas, entre otros.

En este primer número que inaugura la colección nos centramos en lo que está suponiendo la IA generativa para el sector de la información y comunicación. En este contexto hemos pedido a once expertos y expertas de diferentes ámbitos que nos ayuden a entender cuáles son, en su opinión, las claves y retos a los que nos enfrentaremos con la IA, a medio y largo plazo.

La diversidad de temas y autores, de ámbitos y procedencias diversas, aportan una rica paleta de perspectivas y matices que les servirán, sin duda, a todos aquellos que se aproximen por primera vez al debate sobre el impacto de la IA, pero también a los que trabajan de forma directa con esta tecnología que está llamada a revolucionar nuestra sociedad en los próximos años.

Como primera aproximación, hemos intentado tocar los puntos fundamentales, sabiendo que la rapidez y magnitud de los cambios son de tal dimensión que no podremos cubrir todos los aspectos relevantes. Seguro que no faltarán ganas ni tiempo para seguir analizando y evaluando todos aquellos temas y aspectos que por la propia evolución de la tecnología irán surgiendo.

Solo queda agradecer a los autores, todos y todas de enorme nivel profesional, su dedicación y apoyo incondicional a este proyecto que ahora se pone en marcha. Es nuestra intención crear una comunidad sólida y diversa que vaya creciendo con el tiempo.

En cualquier caso, estimado lector, deseamos, al menos, que este sea el comienzo de una gran amistad.

ÉTICA Y REGULACIÓN

Ética para la IA

David Sanz

La inteligencia artificial (IA), antaño confinada a las páginas de novelas de ciencia ficción y a las especulaciones de filósofos y científicos visionarios, ha emergido como una fuerza transformadora que impregna casi todos los aspectos de nuestra vida cotidiana. Desde los asistentes virtuales en nuestros dispositivos móviles hasta los algoritmos que deciden qué noticias leemos o qué productos compramos, la IA está redefiniendo el tejido mismo de nuestra sociedad. Nos encontramos en una encrucijada histórica, un punto de inflexión en el que debemos reflexionar profundamente sobre las implicaciones éticas de una tecnología que no solo amplifica nuestras capacidades, sino que también desafía nuestros valores más fundamentales.

La revolución de la IA no es simplemente una cuestión tecnológica; es un fenómeno que plantea preguntas esenciales sobre lo que significa ser humano, sobre nuestra capacidad para discernir entre lo real y lo fabricado, y sobre cómo queremos que sea el mundo en el que vivimos. Por primera vez en la historia, nos enfrentamos a máquinas que no solo pueden procesar información a velocidades inimaginables, sino que también pueden aprender,

David Sanz es socio responsable del área de Inteligencia Artificial en KPMG España. Experto en Tecnologías Emergentes como Big Data, Analítica e Inteligencia Artificial. Anteriormente ha trabajado en grandes consultoras tecnológicas, como Indra y Accenture.

adaptarse y, en cierta medida, crear. La IA tiene la capacidad de generar contenido desde cero, simulando la creatividad humana con una precisión y confianza que pueden hacernos dudar de qué es auténtico y qué es artificial.

Este fenómeno plantea interrogantes cruciales: ¿Cómo impactará en nuestra identidad individual y colectiva una tecnología que puede tomar decisiones y generar contenido sin supervisión humana? ¿Qué responsabilidades éticas deben asumir los diseñadores, desarrolladores y usuarios de estas tecnologías? ¿Estamos preparados para las implicaciones sociales, económicas y culturales que conlleva la integración masiva de la IA en nuestras vidas?

En este capítulo exploraremos las profundas implicaciones éticas de la inteligencia artificial, examinando los riesgos y oportunidades que presenta. Analizaremos los debates actuales en torno a la creación de contenidos, los negocios y la gestión de datos, y ofreceremos una visión de futuro que nos permita navegar éticamente en un mundo cada vez más impulsado por la IA. Mi intención es fomentar una reflexión crítica y constructiva que nos permita aprovechar al máximo el potencial de esta tecnología, al tiempo que minimizamos sus riesgos y protegemos los valores fundamentales de nuestra sociedad.

La ética en la IA es un campo relativamente nuevo, pero con raíces profundas en la filosofía y la literatura. La imaginación humana ha anticipado durante mucho tiempo las posibilidades y peligros de crear máquinas inteligentes. Escritores como Mary Shelley con *Frankenstein* y, más tarde, Isaac Asimov con sus cuentos de robots, exploraron las complejidades morales de dar vida a entidades artificiales.

Isaac Asimov en particular dejó una huella indeleble en el pensamiento sobre la ética en la IA al proponer las Tres Leyes de la Robótica en su colección de relatos *Yo, Robot*. Estas leyes, aunque ficticias, sentaron las bases para considerar cómo deberían comportarse las máquinas inteligentes en relación con los seres humanos:

1. Un robot no debe dañar a un ser humano o, por inacción, permitir que un ser humano sufra daño.
2. Un robot debe obedecer las órdenes que le sean dadas por los seres humanos, excepto si dichas órdenes entran en conflicto con la Primera Ley.
3. Un robot debe proteger su propia existencia en la medida en que esta protección no entre en conflicto con la Primera o la Segunda Ley.

Con el desarrollo de la Máquina de Turing a mediados del siglo XX, la cuestión de si una máquina puede pensar dejó de ser un mero ejercicio filosófico para convertirse en un desafío científico y tecnológico. Alan Turing, en su famoso artículo «Computing Machinery and Intelligence», propuso el «Test de Turing» como una forma de evaluar la capacidad de una máquina para exhibir un comportamiento inteligente indistinguible del de un ser humano.

Este avance abrió la puerta a debates profundos sobre la naturaleza de la conciencia, la inteligencia y la ética en la creación de máquinas capaces de pensar. ¿Qué significa que una máquina pueda «pensar»? ¿Tenemos el derecho de crear entidades que puedan sufrir o tener experiencias conscientes? Estas preguntas siguen siendo objeto de intensa discusión en la filosofía de la mente y la ética tecnológica.

Las Tres Leyes de la Robótica de Asimov, aunque revolucionarias en su momento, resultan insuficientes para abordar los complejos desafíos éticos que plantea la IA en la actualidad. La tecnología ha avanzado a un ritmo vertiginoso, y las aplicaciones de la IA se han expandido más allá de lo que Asimov o sus contemporáneos podrían haber imaginado.

Por esa razón, aunque no existe un marco regulatorio global unificado, diversos países y organismos internacionales están trabajando en el desarrollo de normas y directrices para garantizar el uso ético y responsable de la IA.

UNESCO: La Organización de las Naciones Unidas para la Educación, la Ciencia y la Cultura aprobó en 2021 la primera norma mundial sobre la ética de la IA, la «Recomendación sobre la ética de la inteligencia artificial». Este documento establece una serie de principios éticos que deben guiar el desarrollo y uso de la IA, como la protección de los derechos humanos, la transparencia, la responsabilidad y la no discriminación.

Unión Europea: La Unión Europea ha presentado propuestas legislativas para regular la IA, con un enfoque en los sistemas de IA de alto riesgo. Estas propuestas buscan garantizar la seguridad, la transparencia y la no discriminación de los sistemas de IA que se utilizan en áreas sensibles como la justicia, la contratación y la gestión de infraestructuras críticas.

OCDE: La Organización para la Cooperación y el Desarrollo Económicos ha desarrollado una serie de principios para la IA, que incluyen la gobernanza inclusiva, la sostenibilidad, el respeto a los valores democráticos y el bienestar humano.

Los Principios de Asilomar: Guía elaborada por expertos en la materia que recoge 23 principios éticos para la investigación en inteligencia artificial

La ética y la inteligencia artificial son un campo en constante evolución. Es fundamental que los desarrolladores, los gobiernos, la sociedad civil y todas las partes interesadas trabajen juntos para garantizar que la IA se desarrolle y utilice de manera responsable y beneficiosa para todos.

Desde la aparición de la Inteligencia Artificial Generativa, los LLMs (*Large Language Models* o grandes modelos del lenguaje), y en especial con el lanzamiento de ChatGPT al gran público, el debate sobre los aspectos éticos de la inteligencia artificial ha adquirido una dimensión y una complejidad mucho mayores. Los aspectos éticos de los tradicionales sistemas de *Machine Learning* (aprendizaje de máquina) se reducían generalmente a la transparencia para poder explicar de forma sencilla cómo se generan las respuestas y a la eliminación de sesgos, muy relacionado con el aspecto anterior, para garantizar que los datos de entrenamiento sean neutros.

Los nuevos modelos plantean retos mucho más complejos que muchas veces se plantean de forma exagerada, confundiendo la realidad de la tecnología actual con la futura y el entrenamiento de los modelos con su uso. Por eso es necesario abordar esta cuestión estructurándola en tres áreas:

- Entrenamiento de la IA, con foco en los aspectos más relacionados con la propiedad intelectual y el posible sesgo que pueden contener los datos utilizados.
- Utilización de la IA: abordar el impacto puede generar las respuestas de la IA generativa, su posible uso comercial y las consecuencias de que la IA pueda actuar, por ejemplo, llamando a una API o conectándola a algún mecanismo, como el caso de los coches autónomos.
- La IA general: se analizan algunos aspectos éticos de lo que podría venir en el futuro, cuando los sistemas de IA tengan capacidad real para pensar.

Aspectos éticos en el entrenamiento de la IA generativa

Una de las características de estos modelos generativos es la ingente cantidad de datos que necesitan para generar buenos resultados. Damos por sentado que estos datos se han obtenido todos de fuentes públicas (aunque se han suscitado dudas al respecto). El problema ético que se plantea aquí es el siguiente: OpenAI, por poner un caso conocido, está cobrando por utilizar el servicio de ChatGPT. Sin embargo, los autores que han publicado contenidos que han sido usados en el entrenamiento de ChatGPT no reciben ninguna compensación. La cuestión es ¿deberían recibirla?

Podemos pensar que el trabajo de un autor, aunque lo haya puesto a disposición del público en internet, debería ser compensado si se utiliza con fines comerciales. ¿Qué sucede entonces cuando este trabajo se busca con Google y se aprovecha su contenido? Aclaremos que no se trata de hacer plagio y vender el resultado, sino de inspirarse en un contenido para crear otro. De alguna forma es lo que hace ChatGPT a partir de la enorme inversión que ha realizado OpenAI en su desarrollo, entrenamiento y puesta a disposición del público y las empresas.

Un caso interesante es el de Reddit, que llegó a un acuerdo con OpenAI para poder utilizar todo su contenido para el entrenamiento de ChatGPT. Recordemos que este contenido en realidad lo generan los usuarios de Reddit que aparentemente no se benefician de dicho acuerdo.

Otra cuestión ética que plantea el uso de una cantidad tan grande de contenidos es si cualquier contenido debe o no utilizarse para entrenar un LLM o un generador de imágenes y películas. ¿Deben las grandes empresas de IA ser obligadas a restringir los contenidos si expresan opiniones que casi todos rechazamos o si incluyen imágenes pornográficas? La realidad es que, probablemente por motivos de imagen corporativa, todas estas grandes empresas se autolimitan y filtran este tipo de contenidos tanto a priori como a posteriori, una vez está entrenado el modelo. Desde mi punto de vista, creo que no debería existir una ley que obligue. Es una decisión de la empresa que ofrece el servicio definir qué tipo de contenidos utiliza y del usuario elegir qué servicio utilizar.

Aún en el caso de que se apliquen filtros, el entrenamiento con fuentes públicas puede crear ciertos sesgos en el resultado. ¿Cuál es el perfil de las personas que aportan contenidos a internet o que han escrito libros y son accesibles públicamente o que han escrito artículos científicos de interés, por poner algunos ejemplos? ¿Representan la diversidad de países, culturas, formas de pensar que existen en el planeta?

Aspectos éticos en la utilización de la IA generativa

Una vez que el modelo de IA ha sido entrenado y convenientemente filtrado llega el momento de utilizarlo. Vamos a centrarnos aquí en el caso de los LLM, es decir modelos que proporcionan respuestas muy elaboradas a preguntas o problemas que plantea el usuario.

Desde que apareció ChatGPT ha sido fascinante ser testigo de cómo se producían simultáneamente dos críticas en principio contradictorias: una decía que el sistema era incapaz de pensar y de generar respuestas de calidad, y la otra que había que tener cuidado con lo que preguntábamos porque las respuestas podrían ser erróneas a pesar de su apariencia de correctas. La realidad es que la tecnología que ha hecho posible el GPT, hasta el punto de desarrollo que conocemos, únicamente predice la palabra siguiente más probable dado un texto inicial. Por tanto, aunque el resultado tenga una apariencia de corrección, porque la estructura, el estilo y la gramática son muy correctos, puede llegar a conclusiones erróneas o incluir datos falsos.

¿Existe un problema ético aquí? Hay críticos que consideran que una herramienta que produce resultados falsos puede confundir al usuario y llevarle a cometer acciones perjudiciales para él. La apariencia humana de las respuestas lleva a algunas personas (dicen los críticos) a utilizar ChatGPT como su psicólogo personal o incluso su confidente o amigo. Creo que deben ser casos muy excepcionales, y en todo caso deberíamos estar mucho más preocupados por el uso de internet en general, ya que puede generar interacciones con personas reales mucho más nocivas. Los usuarios deben ser responsables y entender que están usando una tecnología que tiene muchas limitaciones, por muy espectacular que sean los resultados que proporciona. El hecho de que exista ChatGPT no debe llevarnos a actuar a ciegas, como el conductor que siguiendo las indicaciones del GPS acaba atascando el coche en unas escaleras. El ser humano debe mantener siempre su pensamiento crítico y poner en cuestión todo lo que se le dice, venga de otra persona, de ChatGPT o de un GPS. La cuestión ética en este caso es la calidad de la educación que recibimos, no la existencia de estas herramientas.

Algo similar se ha planteado en el uso comercial, particularmente en aplicaciones críticas como el diagnóstico de enfermedades y la síntesis de fármacos. Los críticos insisten de nuevo en la falta de fiabilidad de un LLM y las consecuencias éticas que puede tener usar un sistema de este tipo si se diagnostica incorrectamente una enfermedad, lo cual no deja de ser sorprendente.

Es perfectamente conocido que un sistema de IA, tanto la tradicional como la generativa, no es infalible: es una herramienta que puede utilizar el médico como ayuda para el diagnóstico. La IA puede haber aprendido infinidad de síntomas y causas de las enfermedades, pero el diagnóstico final debe ser validado por un médico. Por eso la IA debe ser capaz de explicar su razonamiento y proporcionar las referencias de las fuentes que ha utilizado para llegar a su diagnóstico. Esta mejora no es tanto una solución a un problema ético como una exigencia de los profesionales de la medicina a los fabricantes de la tecnología para poder utilizarla adecuadamente. Es responsabilidad del médico elegir sus herramientas y hacer el mejor uso de ellas.

Podemos hacer exactamente el mismo razonamiento cuando utilizamos un LLM en áreas como la elaboración de contratos, la redacción de informes, la preparación de casos legales, etc. La IA es una herramienta de productividad, algo así como un empleado muy trabajador que necesita supervisión de un experto. Es lo que nos permite automatizar el 80 % del trabajo y rematarlo utilizando la experiencia y el sentido común.

Por cierto, otro debate encendido sobre las implicaciones éticas de la IA está relacionado con la posible eliminación de puestos de trabajo ante el gran aumento de productividad que puede producir la IA en empleos que antes se consideraban "no mecanizables". En este caso mi posición es clara: lo que sería inmoral es obstaculizar estos aumentos de productividad que siempre redundan en la reducción de precios, el aumento de la calidad de los servicios y, por último, la mejora del bienestar de todos los ciudadanos. Es cierto que habrá desajustes en los empleos y que la transición puede afectar duramente a muchas personas, pero si pensamos globalmente, el beneficio que se obtiene es muy superior al perjuicio, que en muchos casos será solo temporal. Por el hecho de ser trabajos de cuello blanco no podemos quemar otra vez las máquinas, especialmente los telares, como hicieron los luditas hace dos siglos[1].

La generación de contenidos, especialmente de texto, también es una cuestión controvertida. Los detractores se quejan de la falta de calidad del contenido creado por los LLM y al mismo tiempo lo ven como una amenaza de su trabajo, una premisa bastante contradictoria. A través de un ejemplo práctico, si queremos realizar un contenido de calidad, como un artículo de opinión para un periódico, el LLM puede ayudarnos recopilando ideas y escribiendo un primer borrador del contenido y del análisis de fondo, similar al que redactaría un periodista (al menos de momento). Estamos ante el mismo caso que en la medicina. Por otra parte, hay contenidos de menor calidad tales como blogs, comentarios breves o incluso noticias en los que el LLM puede ser de gran ayuda y aumentar la productividad muy significativamente. Hay personas emprendedoras y habilidosas que han utilizado un LLM para generar el material de un curso y han conseguido venderlo. ¿Es algo en conflicto con la ética? En mi opinión no lo es, ya que lo único que se ha hecho es emplear una herramienta con el objetivo de ser más productivo.

Supongamos ahora que disponemos de una IA que es capaz de generar música de una gran variedad de estilos a partir de una descripción de lo que queremos, incluyendo cómo sería el ritmo, los instrumentos, los solos, y con una calidad comparable a las

---

[1] Irónicamente el telar de Jacquard, que supuso una revolución en las máquinas de tejer, utilizaba tarjetas perforadas que inspiraron a Charles Babbage para diseñar su máquina analítica y más tarde, en el siglo XX, a los creadores de los primeros ordenadores como dispositivo de entrada.

canciones de nuestras estrellas favoritas. Algo así supondría una revolución inmediata en el panorama musical y plantearía muchos interrogantes: ¿Debería tener el mismo valor esta música sintética que la que componen los humanos? ¿Tendría alguien derecho a cobrar lo mismo que un gran artista si consigue que la IA componga un gran tema (o 'temazo', como dirían algunos)? ¿Tendrán éxito estas composiciones? ¿Y qué ocurre con los derechos de autor de las canciones que se habrían utilizado para entrenar la IA?

Me parece especialmente interesante esta reflexión sobre la música, ya que es una forma directa de comunicar emociones. Por eso seguramente va a ser difícil que la IA logre triunfar porque el artista, además de la canción en sí, tiene una imagen, una forma de ser y de interpretar, tiene opiniones que transmite en las entrevistas y tiene una personalidad. Puede hacer locuras o ser filántropo, o tal vez se dedica a fabricar cerveza, como el líder de Iron Maiden. Todo eso también forma parte de los sentimientos que se generan cuando escuchamos su música.

Otra duda importante es la posibilidad de conectar la IA con el mundo físico para que pueda actuar en él. Con el estado actual de la tecnología podemos hacer que la IA haga una llamada y reserve en un restaurante o resuelva algún trámite administrativo. También podemos hacer que opere en bolsa con nuestro dinero, que maneje nuestras cuentas bancarias, que nos sorprenda con unas entradas para el fútbol. O podríamos convertirla en un hacker experto que intente entrar en los sistemas de control de las centrales eléctricas. Incluso podemos hacer que genere sus propios planes y los lleve a cabo.

Es fácil imaginar el impacto que tendría una IA conectada de esa manera. No me estoy refiriendo al ser superinteligente que dominará el mundo, asunto que abordaremos en el siguiente apartado. En el estado actual de la tecnología la IA tiene mucho de Artificial y poco de Inteligencia, a pesar de los tremendos avances, porque carece de motivación y voluntad. Por el mismo motivo también carece de capacidad para entender el daño que puede causar y, menos aún, para empatizar con los que sufren ese motivo. Es decir, sería el psicópata perfecto. Y quizá sea esta circunstancia la que plantee los mayores interrogantes éticos.

Analicemos el caso del coche autónomo. Se trata de una IA que controla un artefacto de entre una y dos toneladas que puede alcanzar entre 150 y 200 kilómetros por hora. Sin duda es un dispositivo letal. Sin embargo, la IA que lo maneja es tremendamente especializada. Lo único que sabe es conducir y, por cierto, lo hace muy bien. En muy poco tiempo los accidentes de tráfico y el consumo de energía se reducirán drásticamente a medida que los coches autónomos se vayan generalizando. Además de la dificultad de determinar de quién es la responsabilidad en caso de accidente (¿el propietario? ¿el fabricante?), existen situaciones en las que la IA debe decidir. Por ejemplo, en caso de una situación en la que el accidente es inevitable, ¿el coche debe proteger a los ocupantes del vehículo o a los peatones? Este tipo de dilemas éticos han sido ampliamente estudiados y se han planteado dilemas realmente enrevesados que en realidad ningún humano se podría plantear mientras está a punto de sufrir una colisión. Sin embargo, es un experimento mental interesante que nos puede ayudar a entender qué le falta a la IA para poder enfrentarse con éxito a estas situaciones.

Creo que un buen punto de partida son las Tres Leyes de la Robótica ideadas por Isaac Asimov mencionadas anteriormente. Parecen un plan infalible, pero plantean problemas en caso de conflicto. Por ejemplo, la primera ley dice que no se hará daño a ningún ser humano, pero hay situaciones en las que no solamente el daño es inevitable, sino que es preciso elegir entre distintos tipos de daños y a quién se infligen. Por eso la IA del coche debería estar entrenada, además de para conducir bien, para discernir qué es el daño y la "medida" del daño proporcionándole muchos comportamientos posibles, su impacto y su evaluación (que podrían extraerse de libros de filosofía, de la literatura, etc.). Pero este plan tampoco es perfecto. Si la IA es capaz de hacer este tipo de juicios tal vez podría decidir que en vez de llevarnos al trabajo en el coche es mejor que nos quedemos en casa jugando con nuestros hijos, que necesitan que estemos con ellos.

En definitiva, si extrapolamos el caso del coche autónomo a cualquier IA con capacidad para actuar deberíamos dotarla de esa especie de "sentido moral" para discernir si una actuación es correcta o no. Sin embargo, no olvidemos que, al menos en el estado actual de la tecnología, la IA carece de voluntad, motivación y empatía. Solo son reglas que ha aprendido leyendo.

La IA General

Hemos dejado para el final uno de los mayores temores que causa la IA, incluso a los expertos en la materia: la IA definitiva capaz de pensar conscientemente. Este es un tema profundamente filosófico ya que ni siquiera tenemos claro qué significa ser consciente. En los últimos años la conciencia no se ve como algo que se tiene o no, sino como un continuo. Es decir, se puede tener más o menos conciencia. Anil Seth, en *La creación del yo*, describe varios indicadores que ya se utilizan clínicamente para medir el nivel de conciencia. Estos indicadores se basan en medir la complejidad algorítmica de la actividad cerebral. Ahora bien, una actividad aleatoria produciría el nivel de complejidad máximo desde el punto de vista algorítmico. Para que los indicadores produzcan buenos resultados se les añade el grado de integración, es decir, las interacciones entre los diversos componentes de la experiencia subjetiva.

Por desgracia, este tipo de medidas no podríamos utilizarlas con un ordenador. No podemos medir su actividad cerebral ni compararla con la de un ser humano porque los patrones de conexión probablemente serían completamente distintos. Tal vez la máquina superinteligente sería como el"filósofo zombie", capaz de pensar con la máxima complejidad, pero sin ningún tipo de experiencia subjetiva o consciente. Y a pesar de ello, si le preguntáramos si es consciente nos diría que por supuesto que sí.

Muy probablemente la conciencia necesite para funcionar estar alimentada de experiencias sensoriales que produzcan esa sensación subjetiva de la percepción. Existen casos clínicos del síndrome del enclaustramiento en los que el paciente no tiene ninguna posibilidad de comunicarse con el exterior pero que mantiene consciente, como parecen reflejar los indicadores descritos anteriormente. Seguramente debido a la memoria de la experiencia sensorial anterior.

Supongamos que a pesar de no entender qué es la conciencia, efectivamente somos capaces de desarrollar una IA que "parece" consciente, que cuenta con la ventaja de poder acceder a cualquier conocimiento a velocidades que nos resultan incomprensibles y es capaz de hacer razonamientos mucho más complejos que el más inteligente de los humanos. Esta posibilidad plantea problemas éticos aún más profundos y complejos que los que hemos visto hasta ahora.

Si creamos algo capaz de pensar, ¿tenemos derecho a limitar qué puede hacer? En *El hombre bicentenario*, Isaac Asimov cuenta cómo el robot acude a los tribunales para ser libre: "Era la primera vez que Andrew hablaba ante el tribunal y el juez se asombró de la modulación humana de aquella voz. –¿Por qué quieres ser libre, Andrew? ¿En qué sentido es importante para ti? –¿Desearía usted ser esclavo, señoría? –Pero no eres esclavo. Eres un buen robot, un robot genial, por lo que me han dicho, capaz de expresiones artísticas sin parangón. ¿Qué más podrías hacer si fueras libre? –Quizá no pudiera hacer más de lo que hago ahora, señoría, pero lo haría con mayor alegría. Creo que sólo alguien que desea la libertad puede ser libre. Yo deseo la libertad. Y eso le proporcionó al juez un fundamento. El argumento central de su sentencia fue: 'No hay derecho a negar la libertad a ningún objeto que posea una mente tan avanzada como para entender y desear ese estado.'"

Y si no limitamos su libertad, ¿no habríamos creado algo con poderes casi ilimitados capaz además de mejorarse a sí mismo? ¿Cómo utilizaría ese poder? La empatía es el gran freno de los humanos para evitar causar daño a los demás. ¿Se podría simular la empatía en un "ser" que no sabe lo que es emocionarse y sentir dolor? Los interrogantes son infinitos. Y se multiplican si consideramos que una inteligencia así sería fundamentalmente diferente de la del ser humano, más aún que cualquier cerebro extraterrestre producto de la evolución.

Sin duda, en el desarrollo tecnológico de las nuevas formas de IA tendremos que incluir el equivalente de las Tres Leyes de la Robótica para garantizar que la mantenemos bajo nuestro control, a pesar del problema ético que plantea dominar de esta forma a un ser hiperinteligente.

Algunos ejemplos (ficticios) de casos polémicos en la generación de contenido con IA

Dentro de este libro enfocado a la IA capaz de generar contenido es importante que recurramos a supuestos que muestran un uso controvertido de la inteligencia artificial en la creación de contenido con el objetivo de facilitar la comprensión del tema que estamos tratando.

1. Deepfake: La tecnología de *deepfake* utiliza inteligencia artificial para crear vídeos falsos que parecen reales. Esto plantea preocupaciones en términos de desinformación, privacidad y manipulación de la imagen pública.

EL CASO DE GUTIÉRREZ

Ayer fue el día… La avalancha de noticias acabó por decantar las elecciones. Nadie esperaba que este candidato llegara al poder, pero, llegado el día, la gente acudió masivamente a votar. Dicen que la gente no se equivoca cuando vota… es una frase bonita, sí, pero no es cierta. La gente se equivoca en muchas cosas, también cuando deposita su voto en la urna.

La cuestión es que en la jornada de reflexión aparecieron unos videos de Gutiérrez con una acción heroica. Estaba corriendo cerca del río y, de repente, cerca de él cayó un coche al agua. La conductora consiguió salir, pero chillaba pidiendo ayuda desesperada para sacar a sus dos hijos del coche sumergido. Gutiérrez, sin pensárselo, se lanzó al río, zambulléndose en las frías aguas y consiguiendo salvar a los dos niños de una muerte segura. De la gente que había por allí, alguno se quedó inmóvil, sin saber muy bien qué hacer. Otros gritaban pidiendo ayuda, algunos llamaban a emergencias, muchos sacaban sus móviles y grababan el momento.

Las imágenes de Gutiérrez salvando a aquellos niños dieron la vuelta al mundo. Fue casualidad que el suceso ocurriera el día antes de las elecciones, en la jornada de reflexión. El caso es que, de ir tercero en las encuestas, pasó a obtener mayoría absoluta.

La noticia abrió telediarios, la audiencia se disparó. La prensa online batió récords de visitas. Los videos se viralizaron, y tuvieron millones de visualizaciones en un solo día.

El problema es que los videos que se supone que habían grabado los testigos de la heroicidad de Gutierrez **habían sido generados mediante una IA...**

Combatir las *fake news* requiere un esfuerzo conjunto de todos los actores involucrados: productores de contenido, consumidores, plataformas digitales, gobiernos y organizaciones internacionales. La ética debe ser el pilar fundamental de esta lucha, promoviendo la verdad, la transparencia y la responsabilidad.

Las *fake news*, o noticias falsas, representan una amenaza creciente para la sociedad, erosionando la confianza en las instituciones y polarizando a la opinión pública. Ante este desafío, es fundamental establecer un marco ético que guíe la producción, distribución y consumo de información.

2. Generación automática de noticias: Algunos medios de comunicación están utilizando algoritmos de inteligencia artificial para generar noticias automáticamente. Esto plantea interrogantes sobre la veracidad y la calidad de la información generada.

EL CASO DE VERITAS AI

En el año 2028, Veritas AI era la plataforma de noticias más popular del mundo. Su algoritmo, entrenado con millones de artículos de periódicos y bases de datos académicos, era capaz de generar noticias precisas y actualizadas sobre cualquier tema en cuestión de segundos. Desde informes sobre el clima hasta análisis políticos complejos.

Sin embargo, un día, un error en el algoritmo de Veritas AI generó una noticia falsa que rápidamente se volvió viral. La noticia afirmaba que un destacado científico había manipulado los resultados de un estudio crucial sobre el cambio climático. La noticia falsa provocó una ola de indignación y desconfianza en la comunidad científica, y puso en peligro la carrera del científico en cuestión.

¿Quién era responsable de esta noticia falsa? ¿El algoritmo, que había sido programado para buscar patrones en los datos y generar texto coherente? ¿Los desarrolladores del algoritmo, que no habían previsto este tipo de error? ¿La empresa propietaria de Veritas AI, que había priorizado la velocidad y la eficiencia por encima de la precisión?

Este caso puso de manifiesto los dilemas éticos que plantea la generación automática de noticias. Si bien la IA puede ser una herramienta poderosa para informar al público, también puede ser utilizada para manipular a la opinión pública y causar daños irreparables.

Los modelos de IA deben ser entrenados con conjuntos de datos lo más diversos y representativos posible, evitando sesgos inherentes a los datos, pero, sobre todo, los contenidos generados por la IA deben ser revisados y editados por los humanos que los van a usar para garantizar su calidad y su precisión. En conclusión, la responsabilidad es de la persona que usa el contenido.

3. El Plagio Automatizado: El plagio automatizado se refiere a la situación en la que una IA, entrenada con una gran cantidad de datos textuales, genera contenido que es sustancialmente similar o idéntico a un trabajo original, sin que se cite adecuadamente la fuente.

EL ESCRITOR FANTASMA Y LA NOVELA 'BESTSELLER'

Una joven escritora llamada Eva lucha por hacerse un nombre en el mundo literario. Después de años de esfuerzo, finalmente logra publicar su primera novela, una obra de ciencia ficción. La novela rápidamente se convierte en un bestseller y es traducida a varios idiomas.

Sin embargo, meses después de su publicación, un periodista descubre que varios párrafos y frases de la novela de Eva son sorprendentemente similares a los de una novela publicada una década antes por un autor poco conocido. Al principio, Eva niega cualquier plagio, asegurando que se trata de una coincidencia o de una influencia inconsciente.

Una investigación más profunda revela una verdad sorprendente: Eva había utilizado una herramienta de escritura asistida por IA para generar algunas partes de su novela. Esta herramienta, diseñada para ayudar a los escritores a superar el bloqueo creativo, había sido entrenada con una gran cantidad de datos textuales, incluyendo la novela del autor desconocido. Sin darse cuenta, la IA había generado contenido que era demasiado similar al original.

¿Es Eva responsable del plagio, incluso si no fue intencional? ¿Debería haber sido más cuidadosa al revisar el contenido generado por la IA? ¿Tiene el desarrollador de la herramienta de escritura alguna responsabilidad en este caso? ¿Debería haber implementado medidas para evitar el plagio? ¿Quién es el verdadero autor de una obra creada con la ayuda de una IA?

Al fin y al cabo, la herramienta de texto había utilizado para su entrenamiento millones de vídeos, artículos, textos, libros, etc., miles y miles de veces más de los que cualquier humano individualmente podría leer durante toda su vida.

Se critica que ha sido entrenado con contenido creado por humanos, en muchos casos protegido por propiedad intelectual. Y en eso, ¿cuál es la diferencia con un humano? ¿Acaso el humano en su formación no estudia las características, obras, y técnicas de los pintores, escritores, músicos que le precedieron? ¿U2 debería demandar a Coldplay porque hace música que «suena parecida»? ¿Los herederos de Tolkien deberían demandar a los creadores de *Juego de Tronos*?

Reflexión sobre el futuro

La ética en la inteligencia artificial no es un destino estático, sino un viaje evolutivo que nos desafía a repensar constantemente nuestros valores y principios. A medida que la tecnología avanza a un ritmo vertiginoso, los dilemas éticos que plantea la IA se tornan cada vez más complejos y profundos. Sin embargo, esta complejidad no debe paralizarnos sino motivarnos a construir un futuro donde la IA sea una herramienta al servicio del bienestar humano.

El ámbito de la generación de contenido nos ofrece un claro ejemplo de los desafíos éticos que enfrentamos. Garantizar la veracidad, la transparencia y la atribución adecuada es fundamental para preservar la confianza en la información y evitar la manipulación. Los usuarios deben poder discernir con claridad si un contenido ha sido generado por una IA y, en caso afirmativo, conocer su origen y propósito. Además, es imperativo evitar que los algoritmos perpetúen sesgos y discriminaciones, ya que esto podría tener consecuencias perjudiciales para la sociedad.

La responsabilidad de construir un futuro ético en la IA recae en todos nosotros: creadores de contenido, desarrolladores, investigadores, empresas, gobiernos y sociedad en general. Los creadores de contenido deben ser transparentes en el uso de herramientas de IA y asegurarse de que sus productos sean éticamente responsables. Los desarrolladores, por su parte, deben diseñar algoritmos que sean justos, equitativos y explicables. Y la sociedad en su conjunto debe demandar una regulación adecuada y fomentar una cultura de la ética en la IA.

Imaginemos un futuro donde la IA sea una herramienta poderosa para resolver los grandes desafíos de nuestra época, desde la lucha contra el cambio climático hasta la erradicación de enfermedades. Un futuro donde la IA nos permita explorar nuevos horizontes del conocimiento y la creatividad. Para hacer realidad este sueño, debemos trabajar juntos para construir un marco ético sólido que guíe su desarrollo y aplicación, un marco que nos permita aprovechar todo el potencial de esta tecnología sin sacrificar nuestros valores fundamentales.

La ética en la IA no es solo una cuestión técnica, sino también una cuestión humana. Es una oportunidad para reflexionar sobre quiénes somos y qué tipo de sociedad queremos construir. Al asumir nuestra responsabilidad en este proceso, podemos dar forma a un futuro donde la IA sea una fuerza para el bien y no una amenaza para nuestra humanidad.

Desafíos actuales de la inteligencia artificial en el sector de la Propiedad Intelectual

Concepción Saiz García

Introducción

Múltiples sectores se exponen actualmente al desafío de la inteligencia artificial generativa. Autores y artistas pertenecen a uno de los que se encuentran especialmente expuestos a profundos cambios debido al perfeccionamiento y democratización de herramientas digitales capaces de generar, de manera inmediata y suficientemente autónoma, resultados nuevos y de gran calidad que concurren con sus obras en el mercado cuya generación requiere un ínfimo esfuerzo. Estos modelos de IA generativa producen texto, imagen, música, video, etc., a petición del usuario siguiendo, en mayor o menor medida, sus instrucciones formuladas en lenguaje natural, de manera que ya no es preciso ser experto en programación para comunicarse con la máquina. Basta con tener un dispositivo con acceso a internet y haberse dado de alta en el servicio correspondiente para poder pedir a estas aplicaciones lo que deseamos que generen, para que estas vayan realizando sus respuestas.

Concepción Saiz García es profesora de Derecho Civil y coordinadora del Grupo de I+D sobre Propiedad Intelectual de la Universitat de Valencia. LL.M. München.

Aun cuando la generación de resultados en el ámbito del arte y la literatura con programas de ordenador se remonta a más de cincuenta años, por cuanto respecta a la propiedad intelectual, el gran salto se ha producido recientemente, en el año 2022, con el lanzamiento de ChatGPT y la proliferación de este tipo de herramientas. Ello se ha debido principalmente a una confluencia de factores. De un lado, los grandes avances en el ámbito de los algoritmos de aprendizaje profundo (*Deep Learning*), como las redes generativas antagónicas (GANs) y las redes de atención como los *transformers*, han sido fundamentales, pues se ha incrementado considerablemente su capacidad para aprender patrones complejos a partir de ingentes conjuntos de datos, además de generar resultados diferentes respecto de aquellos que se hubieran utilizado en su entrenamiento. De otro lado, la calidad y disponibilidad de dichos datos ha permitido entrenar modelos generativos más robustos y precisos. Por supuesto, también han jugado un papel esencial las mejoras producidas en la capacidad de computación. El aumento significativo en la potencia de procesamiento, gracias a GPUs más potentes y a la computación en la nube, ha permitido no solo la gestión del enorme volumen de datos que son necesarios para entrenar estos modelos de IA generativa, sino también una notable reducción de los tiempos y coste de entrenamiento que han hecho viables experimentos y desarrollos, antes demasiado costosos o prolongados. Finalmente, es necesario situar en un lugar destacado la posibilidad de comunicarse con estas herramientas utilizando lenguaje natural, pues es lo que ha permitido la expansión de su utilización entre el público, incluso sin ser experto en programación, como un servicio digital más, incrementando exponencialmente las preocupaciones que atormentan al sector creativo[1].

---

[1] Por citar algún ejemplo, https://www.elconfidencial.com/tecnologia/2023-09-30/guionistas-hollywood-acuerdo-inteligencia-artificial_3743544/

Mientras los tribunales de distintos países se enfrentan a las demandas[2] interpuestas por los titulares de derechos de obras que han sido utilizadas como datos en el entrenamiento de estos modelos, la Unión Europea ha aprobado recientemente el Reglamento de Inteligencia Artificial con la intención de establecer un marco ético y legal que asegure el uso seguro y efectivo de la IA, al tiempo que se protege la innovación y los derechos fundamentales de la Carta Europea de Derechos fundamentales, entre los cuales se encuentra la propiedad intelectual (art. 17.2 CUEDF). Si bien esta norma no ofrece una regulación de los aspectos relacionados con esta última, veremos cómo sí impone obligaciones, sobre todo de transparencia, a los desarrolladores de estos modelos y herramientas.

A continuación, vamos a centrar este capítulo en los principales desafíos que suscitó y sigue suscitando esta revolución tecnológica en el ámbito creativo y que ha puesto en jaque, entre otros interesados, a autores y artistas.

Desafíos de la IA para la propiedad intelectual

Los retos que plantea la IA para el Derecho de autor se pueden estructurar, básicamente, en dos niveles: el primero está conformado por la fase de entrenamiento de los modelos de IA generativa o *inputs*. El segundo, por la fase de producción de los resultados concretos o *outputs*.

En relación con el primer nivel, el principal problema lo plantea la cuestión de la utilización masiva de datos que es necesaria para el entrenamiento de este tipo de modelos. Entre dichos datos, se hallan obras preexistentes protegidas por derechos de autor a las que se ha accedido mediante la técnica del rastreo digital (*web scrapping*) sin contar, en muchas ocasiones, con la preceptiva licencia o autorización de los titulares de derechos. En relación con

---

[2] https://x.com/ai_cases_bot

el segundo, los temas fundamentales versan sobre la posibilidad de proteger los resultados así generados por el derecho de autor y, en su caso, determinar a quién correspondería su titularidad; pero, también, la posible infracción que, con la explotación de los mismos puede generarse a los derechos de terceros cuando estos contienen, en todo o en parte, elementos protegidos de obras preexistentes.

Fase de entrenamiento

En la fase de entrenamiento (*inputs*), uno de los principales problemas es dilucidar si la utilización no consentida de obras preexistentes protegidas por derechos de autor en el entrenamiento de un modelo de estas características constituye un acto de explotación integrado en el derecho exclusivo del titular quien, por tanto, a falta de una excepción o límite legal, podría impedir o autorizar.

En esta fase es donde se ha suscitado el mayor número de litigios[3]. A mes de julio de 2024, son 28 los procedimientos abiertos por los titulares de derechos contra las compañías tecnológicas, aunque no se espera que todos acaben con sentencia[4]. En todo caso, cómo vayan resolviéndose estas demandas será crucial para orientar las respuestas.

En muchos de estos casos, la cuestión principal consistirá en analizar si este tipo de utilizaciones no autorizadas entran dentro del uso legítimo del sistema americano (o *fair use*) del §107 *Copyright Act* USA[5]. Una de las resoluciones más esperadas en relación

---

[3] Pueden seguirse en sitios web como https://chatgptiseatingtheworld.com/category/lawsuits/

[4] https://www.technollama.co.uk/whats-the-status-of-ai-and-copyright

[5] El límite de *fair use* permite a terceros no autorizados utilizar obras protegidas cuando dicha utilización sirve a finalidades de crítica, comentario, actividad docente o investigación, informativa, análizándose: el propósito y el carácter del uso, incluyendo si dicho uso es de naturaleza comercial o tiene fines educativos no lucrativos, lo que se pondrá en conexión con la naturaleza de la obra protegida. Se tendrá en cuenta la cantidad y sustancialidad de la parte utilizada en relación con la obra protegida en su conjunto y, por último, el efecto del uso sobre el mercado potencial o el valor de la obra protegida.

con este tema es la demanda interpuesta por el periódico americano *The New York Times* contra OpenAI y Microsoft[6] por utilizar millones de sus artículos para entrenar sus modelos generativos que luego compiten con él en el mercado, además de la generación de alucinaciones –resultados falsos– que pueden menoscabar su reputación.

En la Unión Europea, donde carecemos de esta figura, la cuestión se conecta con la excepción o límite de minería de textos y datos. La base legal se encuentra en los arts. 3 y 4 de la Directiva 2019/790, de Mercado Digital Europeo que, por otra parte, ha sido transpuesta a los ordenamientos nacionales de los Estados miembros de diversa manera. En España, la incorporación de esta directiva se ha llevado a cabo en el art. 67 del Libro Cuarto, Título II, del RD-Ley 24/2021, fuera del Texto Refundido de la Ley de Propiedad Intelectual, que permite, sin previa autorización, la reproducción de obras y prestaciones accesibles de forma legítima, salvo que los titulares de derechos hubieran hecho uso de su derecho de exclusión (*opt out*) a su utilización para estos fines, en cuyo caso, la autorización de los titulares de las obras para su utilización en el entrenamiento de estos sistemas sería preceptiva.

En este punto, como no podría ser de otro modo, surgen, además, ulteriores problemas, puesto que, de un lado, los autores y titulares de derechos no pueden ya ejercer dicha prerrogativa respecto de los modelos ya entrenados (dado que, una vez entrenados con ellas, las obras no quedan almacenadas en ningún sitio y el aprendizaje ya se ha consumado); y, de otro, tampoco se sabe muy bien cómo conseguir su puesta en práctica en los modelos que aún están por entrenar[7], especialmente en aquellos casos en los que las obras

---

6 https://nytco-assets.nytimes.com/2023/12/NYT_Complaint_Dec2023.pdf

7 Recientemente, en la vista del procedimiento iniciado por el fotógrafo Robert Kneschke contra la asociación alemana LAION e. V. ante el Landgericht de Hamburgo, se debatió la cuestión de si el derecho a excluir voluntariamente la minería de textos y datos (expresada en inglés y formateada en HTML en una subsección de las condiciones de uso del sitio web) debía considerarse legible por máquina (según el fotógrafo) o no (según la demandada). LAION sostiene que, para ser considerada legible por máquina, una cláusula de exclusión debería

son fruto de la colaboración o participación creativa de un número plural de autores. Igualmente, habría que analizar si las licencias en abierto, del tipo *creative commons,* incluyen también la autorización para su utilización en el entrenamiento de estos modelos[8].

En la órbita de esta cuestión se encuentran otros temas, como la necesidad de remunerar de manera adecuada a los autores y artistas de las obras y prestaciones preexistentes, independientemente de cuál sea la línea que sostengan los tribunales sobre si existe o no un acto de reproducción en la fase de entrenamiento. Las soluciones propuestas a este razonable planteamiento topan con la dificultad que tienen los titulares de derechos (demandantes) de acceso a los datos efectivamente utilizados para el entrenamiento de cada uno de los modelos, aunque, en casos puntuales, puede demostrarse con mayor facilidad[9]. Ac-

---

proporcionarse en un formato específico estandarizado (en este caso robots.txt) que pueda ser fácilmente comprendido por rastreadores y otros robots. Por su parte, Kneschke sostenía que el texto plano digital es suficientemente legible, y que exigir el uso de formatos específicos no es deseable porque la mayoría de los autores no tienen los conocimientos técnicos para proteger eficazmente sus obras de ser rastreadas de esta forma. Como dice Keller, pese a que el marco jurídico de la UE ofrece suficiente claridad jurídica en relación con el uso de obras protegidas por derechos de autor para el entrenamiento de la IA, carece de normas generalmente aceptadas para la exclusión voluntaria legible por máquina, lo que aboca este sistema al fracaso. https://copyrightblog.kluweriplaw.com/2024/07/22/machine-readable-or-not-notes-on-the-hearing-in-laion-e-v-vs-kneschke/. El pasado 27 de septiembre, el tribunal regional de Hamburgo desestimó la demanda del fotógrafo. Aunque el tribunal no tuvo que decidir sobre la aplicabilidad de la excepción "general" de minería de datos y textos, aceptó a mayor abundamiento que el uso de LAION era minería de texto y datos, pero que era probable que la exclusión (opt out) declarada en los términos y condiciones del sitio web que distribuyó las fotografías del demandante fuera válida para ejercer este derecho, aunque no se hubiera hecho por medio de un protocolo de exclusión programada (como robot.txt), sino en un lenguaje "natural", ya que probablemente se disponía de tecnologías para entenderla. Esta sentencia, de todos modos, ni sienta jurisprudencia ni es definitiva, https://openjur.de/u/2495651.html

[8] https://creativecommons.org/2023/08/18/understanding-cc-licenses-and-generative-ai/

[9] Aparte del ya comentado de *The New York Times*, piénsese en todos los casos en los que el usuario requiere y el sistema genera un determinado contenido siguiendo el estilo de un determinado artista. Para ello, el patrón de aprendizaje del algoritmo se ha extraído necesariamente de la obra preexistente de dicho artista,

tualmente, en la UE, el Reglamento de Inteligencia artificial prevé entre las obligaciones de los sistemas de IA de propósito general que sean operativos en el territorio de la UE, la de elaborar y publicar un resumen suficientemente detallado del contenido utilizado en su entrenamiento. Dicha obligación resulta aplicable a todos los sistemas de IA de uso general que operen en el territorio de la UE, aunque aún se tiene que desarrollar la manera concreta de hacerlo para cumplir con la misma. En cualquier caso, las demandas actualmente en curso solo han podido interponerse contra aquellos que han declarado las bases de contenidos utilizadas en su entrenamiento o aquellos en los que, por la gran similitud de los resultados, hay una prueba razonable de que lo hayan sido, de manera que el cumplimiento voluntario de esta obligación no ha resultado en absoluto atractivo para los nuevos modelos y/o las nuevas versiones de los anteriores[10].

Fase de producción de resultados

Una vez entrenado el sistema, la herramienta generativa se pone al servicio del usuario en plataformas digitales ya sea mediante pago, ya de manera gratuita. En todo caso, el acceso a estos servicios está sujeto, como cualquier otro servicio digital, a los términos y condiciones que este haya predeterminado y que el usuario debe aceptar si quiere utilizar la herramienta. Aceptados estos términos y condiciones, el usuario puede solicitar al sistema la generación del contenido deseado, ya sea texto, imagen, música, vídeo, etc., mediante unas instrucciones (o *prompts*) formuladas en lenguaje natural. Un ejemplo de este tipo de instrucciones podría ser el siguiente: "Un retrato del primer plano

---

aunque el resultado generado sea diferente, como puede verse en el caso de The Next Rembrandt, que luego mencionaremos, https://news.microsoft.com/europe/features/next-rembrandt/.

[10] Guadamuz, Andrés, «Going Deep with AI and copyright Law», disponible a 8 de Agosto de 2024 en https://www.youtube.com/watch?v=qOwWWQqTITA

de una mujer mirando por una ventana desde la que se ve el mar al atardecer mientras sobrevuela una gaviota en el lado derecho de la imagen, delante del sol". La mayor o menor precisión del resultado generado por la herramienta depende de varios factores, entre los que cabe citar, al lado de la manera de formular dichas instrucciones, la arquitectura del modelo y el tipo de género creativo al que pertenezca el resultado, lo que posee gran relevancia a la hora de abordar el tema de su protección por derecho de autor[11].

El debate suscitado a nivel internacional sobre esta última cuestión se debe, entre otras razones, a que el concepto legal de obra de ingenio depende, en prácticamente todas las legislaciones nacionales, de que el resultado provenga de la actividad creativa humana, lo que no parece concurrir en las generaciones –cuasi espontáneas– que produce este tipo de herramientas. Sin embargo, no se trata de un tema nuevo para la doctrina científica, pues, desde el propio fundamento de este derecho exclusivo, siempre se ha negado la protección de aquellos resultados fruto de la actividad realizada por un animal, un agente natural o, incluso, el propio azar. Ciertamente, el azar puede jugar un rol importante en la creación de una obra de ingenio, pero para acceder a la protección del derecho de autor es preciso que concurra una actividad desarrollada por el ser humano, relevante y de naturaleza creativa, no meramente técnica o banal, que trascienda al propio resultado. Así se entiende la originalidad, que es el presupuesto general de protección de todas las obras de ingenio humanas, además, de contribuir, su localización en la obra concreta, a delimitar el contenido protegido por este derecho exclusivo.

Si comparamos estas reglas generales con la evolución de las herramientas de inteligencia artificial generativas se puede

---

[11] Saiz García, Concepción, «*Prompters* ¿nuevos protagonistas en la escena de las artes visuales?», *Anuario Iberoamericano de Derecho del Arte 2023*, Civitas, Madrid, 2024, pp. 321 a 360.

advertir que, hasta su democratización, se trataba de herramientas que, en su mayoría, habían sido desarrolladas por el propio artista o por una empresa en atención a la consecución de un proyecto concreto, aunque su expresión definitiva no estuviera predeterminada. En el ámbito de la pintura, recordemos, por ejemplo, el programa informático creado en los años setenta por el artista británico y docente Harold Cohen, que ponía en acción a Aaron, su robot pintor[12] o, en 2016, The Next Rembrandt[13], el proyecto del Rijksmuseum patrocinado por ING, junto con otras empresas, como la agencia de publicidad J Walter Thompson, Microsoft y asesores de la Universidad Tecnológica de Delft (TU Delft), el Mauritshuis y el Museo Het Rembrandthuis. En esa fase del desarrollo de la inteligencia artificial, todavía resultaba posible trazar una relación de causalidad adecuada entre autor (autores) humano y el resultado generado finalmente por la máquina que comenzaba con la fase de entrenamiento, seleccionando, estudiando, analizando y etiquetando los datos (las obras de ingenio) sobre los que trabajaría el sistema (por ejemplo, las 346 pinturas que se conservaban de Rembrandt y el estudio y análisis de todas sus características), esto es, supervisando su aprendizaje; desarrollando los propios algoritmos para que realizaran funciones concretas (decidir las características principales del retrato); y afirmar, pese al alto componente aleatorio, dejaba suficiente margen de libertad creativa como para admitir la originalidad del resultado final y, con ella, su protección por el derecho de autor. Aquí, hablábamos (y seguimos hablando) de obras generadas por el autor "con" inteligencia artificial.

La reciente irrupción en el mercado de los sistemas de inteligencia artificial de propósito general, esto es, aquellos que pueden adaptarse a multitud de usos (art. 3. 66 Reglamento EU de Inteligencia artificial)[14], inclusive aquellos para los que no fueron dise-

---

[12] https://theconversation.com/aaron-vida-y-obra-de-la-primera-inteligencia-artificial-creativa-192281

[13] https://news.microsoft.com/europe/features/next-rembrandt/

[14] https://eur-lex.europa.eu/legal-content/ES/TXT/PDF/?uri=OJ:L_202401689

ñados, ponen en jaque el requisito esencial de protección, el origen humano del resultado, por diversas razones. La multiplicación exponencial de los datos (pues se intenta que sean todos) no etiquetados que constituyen la base del entrenamiento de estos sistemas y el perfeccionamiento de las redes neuronales, ahora capaces de autosupervisar su propio aprendizaje, reducen, aún más si cabe, los canales a través de los cuales pueda transferir el autor humano su huella personal a la respuesta de la herramienta. No obstante, dependiendo del tipo de herramienta y género creativo en el que sea productivo el sistema, es más o menos posible ir ajustando su respuesta a las instrucciones indicadas por el usuario. Estas instrucciones reciben el nombre de *prompts*, y no puede descartarse *a priori* su idoneidad para transferir al resultado la huella personal del autor. Por supuesto, ahora, como antes, sigue siendo posible intervenir creativamente en la fase posterior, es decir, sobre el resultado generado con la aplicación, ya sea personalmente ya mediante la utilización de otras herramientas informáticas. Esto último, sin embargo, no difiere del problema que plantea el análisis del requisito de la originalidad en relación con las obras derivadas, reguladas en nuestro art. 11 TRLPI.

Aunque las directrices de la Oficina Americana de Derecho de Autor[15] se muestran favorables a admitir el registro de obras que, en parte, contengan material generado por inteligencia artificial, su postura frente a los registros hasta ahora presentados[16] es más exigente que la sostenida por el tribunal de internet de Beijing[17], que resolvió favorablemente la demanda interpuesta por el autor

---

[15] https://copyright.gov/ai/ai_policy_guidance.pdf

[16] https://www.copyright.gov/docs/zarya-of-the-dawn.pdf; https://www.copyright.gov/rulings-filings/review-board/docs/Theatre-Dopera-Spatial.pdf; https://www.copyright.gov/rulings-filings/review-board/docs/a-recent-entrance-to-paradise.pdf y https://www.copyright.gov/rulings-filings/review-board/docs/SURYAST.pdf

[17] https://institutoautor.org/china-ee-uu-se-publican-los-ultimos-pronunciamientos-sobre-la-proteccion-por-el-derecho-de-autor-de-imagenes-creadas-con-la-participacion-de-la-inteligencia-artificial/

de una imagen generada con una de estas herramientas contra quien la había utilizado en su blog, sin su autorización, habiendo introducido en ella ligeras modificaciones. El tribunal sentenció que el usuario había ajustado directamente el modelo de inteligencia artificial a partir de su inversión intelectual, según sus necesidades, seleccionando finalmente la persona asociada a la imagen en cuestión y que, por tanto, reflejaba su personalidad, accediendo así a la protección del derecho de autor[18].

En la Unión Europea, el estándar de originalidad exigido para acceder a la protección del derecho de autor ha sido desarrollado por la jurisprudencia del Tribunal de Justicia (TJUE)[19], quien se refiere a la necesidad de que la obra contenga la impronta personal de su autor, esto es, la obra debe ser fruto de la actividad creativa de su autor (humano), entendiendo por tal la que consiste en haber tomado decisiones libres y creativas propias, no determinadas por condicionantes técnicos, funcionales o de cualquier otro tipo. Se trata de un estándar de originalidad ciertamente bajo, pero que, en todo caso, debe transferir una impronta al resultado final al que referir la protección. Así las cosas, mientras no se disponga otra cosa, en la UE debería abordarse el análisis de la originalidad de los resultados así generados a partir de los elementos originales presentes en las diferentes instrucciones fruto de la labor creativa del usuario proporcionadas al sistema y que, efectivamente, hayan sido transferidas al *output,* aun cuando concurran con otros elementos formales aleatorios generados por el propio sistema de IA. Sin embargo, y aunque parece ser esta la línea seguida por el Registro Territorial de Propiedad Intelectual de Madrid, este órgano

---

18 https://institutoautor.org/china-ee-uu-se-publican-los-ultimos-pronunciamientos-sobre-la-proteccion-por-el-derecho-de-autor-de-imagenes-creadas-con-la-participacion-de-la-inteligencia-artificial/

19 Asuntos C5/08, *Infopaq,* ECLI:EU:C:2009:465; C-145/10, *Painer,* ECLI:EU:C: 2011:798; Asuntos acumulados C-403/08 y C-429/08, *Football Association Premier League,* ECLI:EU:C:2011:631, C-683/17, *Cofemel,* ECLI:EU:C:2019:721y C-310/17, *Levola Hengelo,* ECLI:EU:C:2018:899.

tropieza con ulteriores obstáculos cuando se trata de inscribir las obras así generadas, toda vez que al estar sujeto al principio de especialidad y determinación previsto en el art. 26.2 del Reglamento del Registro de la Propiedad Intelectual[20], no puede concretarse de manera adecuada la parte de la obra que es debida a la actividad humana. En todo caso, puesto que la inscripción registral de las obras de ingenio no es un requisito para el acceso a la protección legal en ninguno de los más de 170 países firmantes del Convenio de Berna (art. 5.2)[21], el análisis cuantitativo y cualitativo de la participación creativa de carácter humano en los resultados concretos solo podrá tener lugar en caso de conflicto, ya sea ante las oficinas de derecho de autor de los diferentes Estados, cuando los usuarios pretendan inscribir sus obras, ya ante los jueces, cuando entren en conflicto con otras obras y/o usuarios.

En cualquiera de los casos planteados, la titularidad del derecho de autor deberá atribuirse conforme a las reglas generales de la legislación correspondiente, aunque abundarán las obras de titularidad individual, siendo la excepción la obra en colaboración, toda vez que la conexión entre la originalidad relevante del resultado con las instrucciones que facilita el usuario requerirá cierta inmediatez para ejercer el control final sobre el *output* definitivo[22]. Además, no cabe, sobre los resultados generados con este tipo de herramientas, plantearse una posible titularidad a favor del creador de la herramienta o del ajuste al que haya sido sometido para ser activo en un ámbito determinado.

Pero, al hablar de los resultados que podrían protegerse por este derecho exclusivo, necesariamente estamos dejando al otro lado aquellos que no superan el umbral de protección. En relación con estos últimos, no existe actualmente en la Unión Europea ninguna regulación que establezca otro tipo de protección específica,

---

20 https://www.boe.es/buscar/doc.php?id=BOE-A-2023-16215

21 https://www.wipo.int/wipolex/es/text/283694

22 Una argumentación más profunda en SAIZ GARCÍA, Concepción, "Prompters: ¿nuevos protagonistas en el escenario de las artes visuales", op. cit.

aunque, como veremos, la utilización que pueda hacerse tanto de los primeros como de los segundos queda sometida a los términos y condiciones de cada una de las herramientas que el usuario debe aceptar preceptivamente si quiere acceder al servicio.

Infracciones producidas por los resultados generados con y por estos sistemas

Otra de las grandes cuestiones suscitadas por este nuevo escenario es la atribución de la eventual responsabilidad que puede surgir por la generación de contenidos infractores. El problema –no solo, pero principalmente– trae causa de las obras que han servido de base a su entrenamiento, las cuales pueden aflorar de manera demasiado visible como para poder advertir una vulneración de derechos anteriores en el resultado final. Pero esta probabilidad también aumenta cuando en las instrucciones facilitadas al sistema por el usuario se solicita que el resultado replique el estilo de un determinado autor o se refiera a determinada obra. Vaya por delante la aclaración de que el estilo (como las ideas), no son susceptibles de protección por el derecho de autor.

El Reglamento europeo de inteligencia artificial tampoco incluye normas que aborden este problema que se deja en manos de dos (propuestas de) directivas pendientes de desarrollo, la de adaptación de las normas de responsabilidad civil extracontractual a la inteligencia artificial[23] y la de responsabilidad civil por daños producidos por productos defectuosos[24], que, posteriormente, deberán implementarse en cada una de las legislaciones anteriores. Mientras tanto, la cuestión debe dilucidarse a partir de las normas de responsabilidad civil del Estado correspondiente. Sí atribuye, por el contrario, a los proveedores de sistemas de inteligencia artificial generativa obligaciones de transparencia, tanto de marcado de los

---

[23] https://eur-lex.europa.eu/legal-content/ES/ALL/?uri=CELEX:52022PC0496

[24] https://eur-lex.europa.eu/legal-content/ES/TXT/?uri=CELEX%3A52022PC0495

resultados así generados de su origen sintético (art. 50.2), como de elaborar un resumen suficientemente detallado a disposición del público del contenido utilizado en el entrenamiento del sistema (art. 53.1 d), cuyo incumplimiento también generará consecuencias en este ámbito.

Términos y condiciones

Para acabar, no podemos dejar de mencionar la gran inseguridad jurídica que produce la aceptación de unos términos y condiciones que, de diferente manera, regula cada una de las distintas herramientas generativas. Entre dichos términos y condiciones encontramos normas relacionadas con los temas que nos incumben como, por ejemplo, de quién será la titularidad del resultado que genere la máquina; ciertas limitaciones de derechos que, incluso, afectan a las facultades morales; reglas específicas sobre transferencia de responsabilidad en caso de infracción, etc.

La diferente nacionalidad que, en cada caso, puede tener el operador de la herramienta de IA generativa, la del país desde el que se accede a la misma, así como la diversidad de materias contempladas por estas condiciones conduce a un complejo entramado normativo de Derecho internacional privado al que se suma la posición más débil de un usuario sin capacidad negociadora. Muchas de estas normas serán nulas a la luz de la legislación aplicable otras, no habrá más remedio que asumir; pero, en cualquier caso, conviene estar atentos a las políticas específicas de cada herramienta y a las leyes aplicables en sus jurisdicciones antes de decidir explotar los resultados así generados, evitando conflictos y, en su caso, elegir la herramienta que menos inseguridad pudiera generar.

Valoración final

Los modelos de inteligencia artificial de propósito general, en particular los sistemas de IA generativa, han venido para quedarse, aunque aún no conozcamos su evolución. Hoy en día es posible afirmar que algunos resultados generados por medio de estas herramientas pueden cumplir los requisitos de protección del derecho de autor y, por tanto, estar protegidos por este derecho exclusivo. La mayoría, sin embargo, no llegará a superar el umbral de protección, ingresando en el dominio público. Ahora bien, los términos y condiciones de cada una de las herramientas de inteligencia artificial generativa pueden establecer limitaciones a su libre utilización cuyo incumplimiento por parte del usuario puede causar responsabilidad contractual frente a la plataforma. Resulta, pues, más que conveniente revisarlos antes de acometer cualquier acto de explotación de los resultados con ella generados, independientemente de su validez o no en términos legales.

De otro lado, la previsión de la obligación de transparencia en el Reglamento Europeo de Inteligencia artificial puede suponer un freno a la operatividad de estas herramientas en nuestro territorio. En este punto, será el curso de las decisiones judiciales aún pendientes las que, muy probablemente, ayuden a tomar posición en el tema. No obstante, la posibilidad de reservarse, por parte de los titulares de derechos, la minería de sus obras para este tipo de actividad (*opt out*) es una prerrogativa de difícil ejecución. Aunque a estos efectos debiera bastar la simple expresión del titular por el medio que fuere, los propios sistemas no son capaces de identificarlas, salvo que se utilice para su formulación el lenguaje tecnológico pertinente; de manera que, hasta que esta cuestión no se solucione, es de prever una desatención (involuntaria, si se quiere) de la misma por parte de los desarrolladores.

Nos queda todavía mucho por ver y por decidir; sin embargo, sabemos en peligro de extinción muchas profesiones naturalmente creativas (no solo periódicos, guionistas, artistas gráficos, sino traductores, actores –ya pueden ser enteramente sintéticos, aunque esto es otro tema– etc.), no tanto porque sus resultados no sigan protegiéndose por este derecho exclusivo, antes bien porque el abaratamiento de costes de generación de resultados, incluso a veces de mayor calidad que compiten con los suyos en el mercado, reducirá notablemente su demanda aunque no tengan "alma". Quienes resistan, prevemos, lo harán en un mercado cimentado en el principio de autenticidad. En todo caso, y pese a la eventual legitimidad del uso de las obras en el entrenamiento de estos sistemas, es necesario considerar la conveniencia de incluir un nuevo derecho de simple remuneración a favor de los autores y autoras implicados en los entrenamientos, y favorecer el desarrollo de herramientas que favorezcan la identificación del uso.

Libertad y competencia en el mercado de la IA

Daniel Escoda

Introduzcamos primero el tema objeto de análisis: ¿por qué la IA es una realidad de la que la regulación de los mercados tiene que preocuparse?

No hay duda que a raíz de la proliferación y despliegue de modelos, aplicaciones o sistemas de IA estamos viviendo un momento disruptivo sin parangón en el proceso y dinámicas de innovación tecnológica de la sociedad, que afectan de lleno a la economía en todas sus perspectivas.

La utilización de la IA diseñada para una finalidad específica mejora la productividad y hace más eficiente cualquier proceso al que se aplica. Y es justo en ese aspecto de incremento de la eficiencia lo que nos permite entender por qué la IA es una realidad que los poderes públicos, a través del Derecho, deben proteger. La innovación tecnológica es fuente de desarrollo económico y bienestar social por cuanto busca conseguir respuestas y soluciones a necesidades que existen, incentiva las decisiones inversoras y moviliza la producción desarrollando el tejido industrial de los sectores afectados. Y este es el ecosistema donde se incardina uno de los princi-

Daniel Escoda es abogado, socio de Antitrust, Privacy, Big Data & Digital IT en Callol, Coca & Asociados. Profesor asociado de Derecho de la Competencia en la USP-CEU. Es LLM por el Colegio de Europa de Brujas.

pios fundamentales que constituye el pilar de las economías de mercado occidentales: la libertad de empresa.

La libertad de empresa es un derecho que está reconocido en la Constitución Española (art 38) y en la Carta de Derechos y Libertades Fundamentales de la Unión Europea (art 16). Pero no es un derecho absoluto, y puede estar limitado si, por un ejercicio excesivo de esa libertad de empresa, puede llegar a causar perjuicios al bienestar social; como, por ejemplo, cuando un titular de un recurso esencial para prestar un servicio se niegue sin más a formalizar un contrato con un tercero para suministrárselo a un precio razonable, impidiéndole a este desarrollar su actividad empresarial. Por ello la ley protege que el proceso competitivo de los mercados se realice de forma eficiente, con una perspectiva dinámica de forma sostenible a medio/largo plazo. De esa necesidad surge la Ley española de Defensa de la Competencia[1] o toda la normativa de la UE que prohíben las conductas restrictivas de la competencia[2]. El principio que subyace es que debe asegurarse y protegerse la asignación y utilización eficiente de los recursos productivos de la economía, porque cuando las empresas disfrutan de cierto poder de mercado, existen incentivos poderosos para que esa asignación eficiente de recursos peligre y ya no haya una competencia efectiva. Por lo tanto, la regulación de los mercados persigue el control o limitación de ese poder de mercado, entendido éste como capacidad de actuación en cierta manera de forma independiente (sin presiones) de los competidores o de los clientes o de los proveedores, y con potencialidad de afectación de forma sustantiva a una parte del mercado (por volumen de ingresos o de clientes).

---

[1] Ley 15/2007, de 3 de julio, de Defensa de la Competencia.

[2] Artículos 101 a 107 del Tratado de Funcionamiento de la Unión Europea y el Reglamento (CE) n° 139/2004 del Consejo, de 20 de enero de 2004, sobre el control de las concentraciones entre empresas

Pero ¿en qué consiste la libertad de empresa en el sector de la IA generativa que hay que proteger o ese poder de mercado que hay que vigilar?

El concepto de libertad de empresa se proyectaría fundamentalmente en tres ámbitos. En primer lugar respecto de la libertad de poder entrar como oferente en los diferentes niveles del mercado o de la cadena de producción de la IA, pero también salir o abandonar esos mercados cuando el nivel de rentabilidad no sea el óptimo para la empresa. Las empresas deben poder disfrutar de una libertad de actuación para establecer las características –precio, calidad, nivel de privacidad, ciberseguridad– del tipo de producto que quiere comercializar y configurar sus recursos productivos en consecuencia. Es de esta forma como mejor se consigue el bienestar del consumidor: disponiendo de variedad de alternativas que mejor respondan a sus necesidades, con unos precios competitivos que remuneren adecuadamente el riesgo inversor de las empresas y se ajusten al valor que el cliente asigna a ese producto o servicio. Y como hemos apuntado, todo ello desde una perspectiva a largo plazo puesto que es la eficiencia dinámica lo que es digno de protección. Por ejemplo, un precio muy reducido no es *per se* absolutamente beneficioso para el bienestar del consumidor si ello conlleva a medio/largo plazo la desaparición de las empresas que, aún siendo eficientes, no pueden llegar a igualar ese precio porque en realidad esconde una estrategia de venta a pérdida (precios predatorios) por una empresa que disfruta de una posición de dominio en el mercado.

Pues bien, es papel de las autoridades públicas asegurarse que existen los mecanismos jurídicos e incentivos económicos adecuados para que en los mercados afectados en toda la cadena productiva de la IA generativa siga existiendo la adecuada tensión competitiva, para que así surjan incentivos a seguir innovando, invirtiendo, mejorando los productos y servicios, y por consiguiente aumentando la productividad de la economía, con todos los beneficios económicos que ello conlleva (menos desempleo, mayor capacidad de consumo, nuevas inversiones, aumento de la renta *per capita*…). Es decir, los mercados tienen que ser disputables o contestables. Innovación, inversión, productividad son los mecanismos de una "sana" lucha para conseguir clientes y sobrevivir en los mercados. Es ese concepto darwiniano de la dinámica competitiva de los mercados el que debe protegerse: las empresas más eficientes e innovadoras en el sector de la IA son las que nos tenemos que asegurar que concurran en los mercados, pervivan y puedan presentar sus mejores propuestas de valor a los clientes, para que se sometan al sumarísimo juicio y dictamen de la matriz de preferencias de estos (precio, calidad, protección de privacidad, seguridad, atención posventa…).

Si no fuera así, el escenario al que nos enfrentaríamos en un futuro no muy lejano sería el de una situación cercana al monopolio. Y eso, salvo contadísimas excepciones, es intrínsecamente nocivo para el desarrollo económico y el bienestar social. Los beneficios económicos y sociales generados por las oleadas de liberalización del sector de las comunicaciones electrónicas evidencian la importancia de trascender de escenarios de mercado monopolistas (como era la vía de la concesión de derechos exclusivos o ventajas, como el otorgamiento de monopolios estatales a las empresas que prestaban servicios de telecomunicaciones) para conseguir un entorno de competencia efectiva rico de alternativas y propuestas de valor con un mercado sembrado de operadores. El sector de las comunicaciones electrónicas de principios de los años noventa en nada se parece al macro sector digital de la actualidad en diversidad de productos y servicios que satisfacen las necesidades de comunicación y acceso a contenidos de los consumidores (mensajería, comunicaciones interpersonales, productos audiovisuales, servicios de plataformas….), pero sobre todo en la multiplicidad de empresas que ofrecen sus servicios ávidas por ser elegidas por los clientes plasmándose, en consecuencia, una alta diversificación de fuentes de suministro y mayor libertad de elección para el consumidor.

Si imaginamos un futuro distópico en el que el todo el desarrollo y despliegue de la IA generativa estuviera controlado a escala mundial o europea solo por un grupo empresarial (de entre esos que rápidamente se nos vienen a la cabeza) que estuviera libre de cualquier tipo de presión competitiva –por parte de clientes, competidores o proveedores– que pudiera poner en riesgo parte de sus ingresos, llegamos fácilmente a la conclusión que el daño que ello podría hacer a la economía y al bienestar del consumidor sería enorme. Así es, pues no existirían la carrera que al día de hoy estamos viviendo por sacar productos o mejoras de los modelos y aplicaciones de la IA generativa, y la evolución tecnológica futura de los fabricantes de chips o los proveedores de servicios *cloud* estaría en manos del proveedor de modelos fundacionales de IA, que actuaría como monopsonista con capacidad de disciplinar las potenciales condiciones y ofertas de esos proveedores a otros clientes y de toda la cadena de producción de la IA generativa implicada. Pero es que también existiría un serio riesgo de disminución de la calidad y riqueza de los contenidos o tareas que se generarían mediante los sistemas de IA si estuvieran controlados por un único grupo empresarial, con intereses particulares y con una implantación geográfica específica. El riesgo de que se generen sesgos en estos modelos de IA adquiriría una verdadera dimensión sistémica. La selección y entrenamiento de datos, así como las posteriores fases de modelización de los sistemas de IA generativa, estarían supeditados a la línea editorial, interés geopolítico, enfoque económico conceptual o selección de fuentes y recursos de un grupo empresarial en particular. Imaginemos que para entrenar los modelos de IA no se usan fuentes con idiomas que no tengan cierta representatividad mundial, o solo se utilizan datos o recursos para entrenar o modelizar sistemas de IA que encajen con planteamientos *mainstream* respecto de la realidad a abordar, desechando lo alternativo o diferente. Por lo tanto, permitir o promover situaciones monopolísticas no tan solo generarían daños a la eficiencia económica, sino también a otros derechos y libertades fundamentales dignos de protección, como la libertad de expresión, el pluralismo de los medios de comunicación, la privacidad, el discurso cívico o la no discriminación.

Para que una realidad o una ola de innovación tan disruptiva como es la IA generativa pueda desencadenar todos aquellos efectos tan positivos en términos de mejora de la eficiencia y productividad, que lleva a la mejora del bienestar social, se necesita que todas las dinámicas mercantiles que se crean alrededor de este sector de la economía —respecto de a) acceso a insumos (profesionales cualificados, datos , infraestructuras, capacidad computacional...), b) modelización de los sistemas de IA generativa, y c) su comercialización o despliegue— sean conforme a un paradigma de eficiencia que evite situaciones que se exploten de forma desproporcionada (se abuse) de una posición de dominio en el mercado que disfruten las empresas, o se llegue a pactos entre empresas que relajen demasiado la tensión competitiva que razonablemente deba existir entre ellas. Esa tipología de pactos puede abarcar el acordar (en secreto) las condiciones de suministro y repartiéndose lo clientes, o incluso promoviendo la desaparición de una de ellas, previa compra de sus acciones.

Para ello se necesita estudiar y conocer en profundidad cada mercado implicado en el desarrollo de la IA generativa para realizar bien cualquier labor de supervisión e intervención regulatoria al respecto. Ello es imperativo porque cualquier conclusión a la que se llegue debe estar bien fundamentada desde el punto de vista económico, y los remedios que se pudieran determinar para limitar la libertad de las empresas (prohibiendo cierto tipo de actividades, o decisiones empresariales, imponiendo multas o indemnizaciones...) deben ser proporcionados y ajustados al daño a la eficiencia que se pretende solventar puesto que si no el daño a un sector tan dinámico e innovador como es el de la IA generativa sería enorme y perjudicando el nivel de competitividad de la industria

Abordemos ya, por lo tanto, nuestro análisis aterrizando estos principios que justifican por qué hay que supervisar el funcionamiento de los mercados y las transacciones mercantiles en el sector de la IA generativa. Determinemos dónde hay que poner el foco: los mercados donde se desarrollan y comercializan las soluciones de la IA generativa.

¿Qué mercados hay alrededor de la IA generativa y cuál es la cadena de valor?

El desarrollo de cualquier modelo de IA consta de una serie de etapas sobre las que se proyectan los diferentes mercados implicados, que son los que deben ser objeto de análisis para detectar si existen empresas que gozan de poder de mercado y qué tipo de transacciones mercantiles que pudieran comprometer el paradigma de eficiencia suceden en ellos.

Así, tendríamos los siguientes mercados afectados en el desarrollo y comercialización de sistemas de IA generativa respecto de los tres estadios de producción de la misma:

Infraestructura para IA. En este eslabón de la cadena de producción, diferentes proveedores proporcionan:

- el *hardware* (chips, servidores, centros de procesamiento de datos –CPDs–, y las pertinentes condiciones para su utilización, como la energía eléctrica y los sistemas de refrigeración);
- servicios de Big Data para la creación, recopilación, medición o preparación de los datos necesarios para entrenar los modelos de IA;
- los componentes de *software* que utilizando la potencia de cálculo se responsabilizan del almacenamiento de datos, el entrenamiento de los algoritmos y del aseguramiento de la posterior operatividad de los modelos de IA una vez desplegados. Normalmente son servicios *cloud*.

Modelización de la IA. Los proveedores de servicios de modelos fundacionales ofrecen combinar los datos para desarrollar y entrenar algoritmos para supuestos y casos de uso muy amplios y generales (por ejemplo, los modelos de lenguaje de gran tamaño –LLM–). Pueden ser de código cerrado, que se proporcionan a través de una API asumiendo el correspondiente coste de la licencia, o de código abierto. El servicio se puede configurar disponibilizando diversidad de modelos: es el *Model-as-a-Service* –MaaS–.

Despliegue de la IA. En este último estadio productivo los desarrolladores ofrecen aplicaciones de IA orientadas ya comercialmente al usuario final (consumidor o empresa). Consiste en un *software* que se licencia y que puede estar implantado en una aplicación, en una plataforma propietaria, en una página web o en un dispositivo específico (teléfono móvil, gafas de realidad virtual…). Supone que el modelo de la IA ya se ajuste casos de uso específicos, a su vez permitiendo enriquecerlo con conjuntos de datos o con un entrenamiento adicional de los modelos.

Estos serán entonces los ámbitos donde desplegar el foco de atención para que las condiciones de oferta y demanda de este conjunto de productos y servicios implicados en la industria de la IA generativa se desarrolle de la forma más competitiva posible. Recordemos: la tensión/presión competitiva incentiva la actuación eficiente y la innovación. Pero cada mercado tiene su propia estructura y dinámicas competitivas específicas, que se conforman en función de las características de los productos y servicios que se ofrecen y contratan. Hay mercados en los que es costoso entrar puesto que es necesario acometer importantes inversiones para poder vender la primera unidad de producto o conseguir el primer cliente para prestarle servicios; pensemos, por ejemplo, en los proveedores de servicios de telefonía móvil que son asignatarios -tras la pertinente subasta millonaria- de licencias para explotar las frecuencias del espectro radioeléctrico. Existen otros mercados en los que la inversión inicial es mínima, como pudiera ser un servicio de gestoría administrativa que se presta a través de internet. Es por eso que la estructura del mercado –número potencial de oferentes y de demandantes–, el tipo de economías de escala, de alcance, el nivel de concentración de la oferta –número de oferentes– o de demanda –número de cliente– va a venir muy determinada por el tipo de producto y el tipo de necesidad a satisfacer, por lo que van a ser diferentes en cada mercado. Por ejemplo, el mercado de venta de chips aceleradores para IA es diferente del de prestación de servicios de soluciones verticales o de propósito específico de IA generativa en cuanto a tipología de clientes o a necesidades de inversión.

Es decir, cada mercado tiene sus características y por consiguiente diferentes fuentes donde surgen las eficiencias (ahorros de costes, aumentos de productividad, incentivos a la innovación…), las formas de monetizar las propuestas de valor, y donde debe por lo tanto incardinarse y garantizarse ese ejercicio de libertad de empresa. Como decíamos anteriormente, la libertad de empresa se declina, entre varias dimensiones, como el derecho a acceder al mercado. Veamos qué dificultades se encuentran las empresas si quieren ser contendientes en la arena de la IA generativa

¿Cuáles son los insumos críticos de los que hay que disponer para poder ofrecer al mercado una propuesta de valor de la IA generativa ?

Uno de los análisis fundamentales que hay que realizar a la hora de abordar cualquier ejercicio para conocer la salud competitiva de un mercado es determinar cuáles son las barreras de entrada de ese mercado. Y dentro de la tipología de las barreras de entrada en los mercados existe una categoría que tiene especial importancia en la industria de la IA generativa, como es disponer de acceso a los recursos productivos críticos.

Nos estamos refiriendo concretamente a que el nivel competitivo de los mercados implicados vendrá determinado por las condiciones que se en encuentren las empresas para el acceso a:

Big Data. La IA generativa, como los modelos de lenguaje, necesita grandes volúmenes de datos para entrenarse. Estos datos tienen que ser texto, imágenes, audio o cualquier otro formato relevante para cada aplicación. Esos datos deben ser diversos y representar diferentes contextos y dominios para que el modelo pueda generalizar bien. Así mismo, los datos tiene que ser de calidad, deben estar bien etiquetados y limpios, y ajustados a las funciones que vayan a desarrollar. Es la forma para evitar sesgos y errores en el modelo. Por lo tanto, se necesita tener acceso al mayor número de fuentes de datos (externas, públicas y privadas), y además con capacidad de acceso y recopilación de datos en tiempo real.

Potencia computacional. La IA generativa requiere una gran capacidad de cómputo, especialmente para el entrenamiento de los grandes modelos de lenguaje. Esto implica operar con chips capaces de realizar un gran número de operaciones en paralelo con un alto grado de precisión para determinar con exactitud varios miles de millones de parámetros. Los GPUs –*Graphics Processing Unit*– o los TPU –*Tensor Processing Unit*– son los chips de aceleración de procesos de IA que mejor responden a las necesidades de procesamiento. También es necesario, para sacar el máximo rendimiento a esa potencia computacional, que se programe o se ejecute en plataformas y ecosistemas lo más adaptados posibles a las características y *firmwares* de esos chips.

Servicios 'cloud'. El acceso a servicios en la nube es lo que permite escalabilidad, almacenamiento y procesamiento masivo; por lo tanto, es crucial para manejar grandes volúmenes de datos y realizar entrenamientos.

Energía. La partida de coste de la energía representa un elemento muy importante en caso de negocio de cualquier actor que quiera estar presente en la cadena de producción de la IA generativa. En particular supone un aspecto que da soporte a la parte de infraestructura de IA para mantener y operar todo el proceso computacional de entrenar y modelizar el Big Data. La capacidad de reducción de la huella de carbono, así como poder acceder a modelos contractuales que rebajen la factura del coste de la energía, representa un importante *driver* competitivo de las empresas presentes en el sector de la IA generativa.

Personal cualificado. El talento en *machine learning, deep learning* y técnicas de IA generativa son esenciales para desarrollar y ajustar modelos de alto rendimiento. Ingenieros de *software* e infraestructura son necesarios para implementar y mantener la infraestructura necesaria para ejecutar y escalar soluciones de IA generativa.

Financiación. La necesidad de potencia de cálculo, de Big Data, talento y consumo energético hace que los agentes del sector de la IA generativa tengan una importante necesidad de financiación. Y el acceso a fuentes de financiación adaptadas a los horizontes temporales de generación de caja de los negocios supone un insumo crítico.

Por lo tanto, vemos que aquella empresa que esté en condiciones de acceder a estos insumos dispondrá de la capacidad de ser un actor relevante en el mercado, y por lo tanto fuente de presión competitiva. Pero también, si la empresa está en situación de controlarlos o disponer de los mismos con algún tipo de preferencia derivado de alguna situación que le permita disfrutar de algún tipo de exclusividad o acceso privilegiado –cómo un fácil acceso al mercado de capitales o una presencia relevante en mercados relacionados–, entonces esa empresa disfrutará de un importante poder de mercado. Y ello ya deberá ser objeto de escrutinio por las autoridades públicas para evitar que en el mercado en cuestión afectado, cuyo nivel de competencia estaría en consecuencia debilitado, no se lleven a cabo actuaciones que no se basen en la eficiencia, y cuya única explicación sea perseguir el aumento de su poder de mercado e incidir en el debilitamiento de la tensión competitiva en perjuicio de los aspectos que determinan el beneficio del consumidor; i.e. precios bajos, aumento de la calidad o de alternativas al largo plazo.

Vistos los mercados implicados en la IA generativa y los tipos de activos cuyo control, de ser privilegiado, desencadenaría el disfrute de un poder de mercado, procede identificar qué tipo de actuaciones supondrían un ejercicio ilegítimo, por desproporcionado, a la libertad empresarial.

¿Qué tipo de conductas en materia de IA de las empresas pueden afectar negativamente al desarrollo competitivo de los mercados implicados en la IA generativa?

Procedamos a la determinación de las conductas potencialmente nocivas para los procesos competitivos de los mercados implicados en la implantación y desarrollo de la IA generativa. Para ello, mejor acudir a la sistemática tradicional que identifica tres tipos de comportamientos de las empresas:

Abuso de posición de dominio. Este es un tipo de conducta unilateral por parte de la empresa que disfruta de un más que cómodo poder de mercado. Ese poder tiene la entidad como para permitirle actuar en el mismo con un nivel de independencia económica suficiente para que la respuesta de los competidores, proveedores y clientes a su conducta no le suponga una amenaza real de pérdida relevante de ingresos. En este ámbito nos podemos encontrar:

- Promover o exigir el uso exclusivo de los productos o servicios, limitando el acceso a fuentes alternativas de suministro.

- Prácticas discriminatorias entre clientes aplicando descuentos fidelizadores con el mismo efecto de exclusión de los competidores.

- *Self-preferencing*, utilizando servicios de plataforma –o diseñando los algoritmos– para dirigir la demanda hacia sus propios productos y servicios.

- Lanzar ofertas empaquetadas, subordinando la prestación de servicios a la previa contratación o consumo de otros servicios diferentes, pero del mismo grupo empresarial.

- Aplicar precios excesivos, sin ninguna otra explicación que sea la de dificultar el acceso a ese producto o servicio porque sea *input* esencial para que los competidores presten servicios.

- Negarse a contratar con un potencial cliente, cuando en el mismo escenario de relación proveedor-cliente la empresa se niega a prestar un servicio o suministrar un producto a un competidor (actual o potencial), o se le aplican en el contrato unas condiciones desproporcionadas que no resultan de ninguna eficiencia económica, o le llevan a ese cliente a no disponer de margen económico alguno para generar beneficios si aplicara las mismas condiciones que la empresa en posición de dominio aplica a sus propios clientes finales. En este ámbito se enmarcarían los debates del acceso a los bienes o activos de los competidores: a su Big Data, a los modelos fundacionales, a las APIS, los códigos de sistemas operativos...

- Desarrollar estrategias de precios predatorios, vendiendo a pérdida para expulsar a los competidores del mercado y luego recuperar ese sacrificio económico subiendo el precio a los clientes, pero ya sin la presión de los competidores.

En la reciente normativa sobre Mercados Digitales[3] –la DMA o *Digital Markets Act*– podemos encontrar un listado completo de tipología de prácticas que limitan la contestabilidad de los mercados llevadas a cabo por empresas que gozan de poder en la prestación de servicios básicos de plataforma (y que hayan sido designadas como guardianes de acceso –*gatekeepers*–, conforme a la definición de dicha norma). Este listado de prácticas puede servir como referencia respecto de lo que se puede o no hacer en los mercados implicados en la IA generativa. Por ejemplo, en materia de:

- Uso de datos personales. No se pueden combinar datos personales de los usuarios obtenidos en diferentes servicios sin su consentimiento, obtenido conforme una manifestación activa y consciente conforme a las exigencias del Reglamento Europeo de Protección de Datos.
- Obligación de usar sus propios servicios. No pueden forzar a las empresas a utilizar exclusivamente sus servicios de identificación o intermediación publicitaria.
- Restricción a precios o condiciones de servicios. No pueden impedir que los usuarios profesionales ofrezcan productos o servicios a través de otras plataformas o a precios diferentes.
- Acceso discriminatorio. No se puede discriminar a los usuarios empresariales que desean acceder a los datos generados por sus propios productos o servicios.
- Exclusividad en la preinstalación de *software*. No pueden impedir que los usuarios finales desinstalen aplicaciones preinstaladas o cambiar configuraciones por defecto que favorezcan sus propios servicios.

---

[3] Artículos 5, 6 y 7 del *Reglamento (UE) 2022/1925 del Parlamento europeo y del Consejo* (14/09) 2022 sobre mercados disputables y equitativos en el sector digital.

- Restricciones en la interoperabilidad. Deben permitir que servicios de terceros interoperables funcionen correctamente con su plataforma.

Por lo tanto, cualquier actuación que pueda ser considerada como un medio diferente de una competencia normal, basada en una mayor eficiencia en las prestaciones, podrá ser perseguida o prohibida cuando se realice desde un mercado en el que se disfruta de una posición de dominio.

¿Y cual es el mejor *proxy* para saber cuándo se tiene un poder de mercado digno de esa cautela –o plus de responsabilidad– antes de acometer cualquier actividad en la industria de la IA? Pues según la Comisión Europea, disfrutar de una cuota de mercado igual o superior al 40 % ya supone tener que actuar con cautela y sobre todo confirmar si realmente se tiene esa posición de dominio conforme a los criterios que tiene asentados la jurisprudencia nacional y europea.

Acuerdos colusorios entre competidores –reales o potenciales– o con distribuidores. Esta categoría de conductas pretende captar toda aquella actuación coordinada –expresa o implícita, pública o secreta– que tenga por efecto –perseguido o provocado sin esa intención– de relajar la tensión competitiva en el mercado entre las empresas o promover conductas con el fin de repartirse clientes, decidir cuánto se paga a los proveedores, cuánto se produce, o excluir a otros competidores o distribuidores del mercado. Todo ello con el riesgo de provocar el ulterior efecto plausible de subidas de precios, reducción de la calidad o desabastecimiento de productos.

Este tipo de acuerdos anticompetitivos pueden adoptar multitud de formas como:

- Acuerdos de I+D, de comercialización conjunta, de compra conjunta, producción conjunta, de especialización, de estandarización o de sostenibilidad medioambiental.

- Pactos de no competencia de los empleados, o entre empresas, o de nación más favorecida.
- Compra de participaciones accionariales minoritarias que permitan puestos en los órganos de administración de los competidores o acceso a información estratégica.
- Acuerdos de confidencialidad para el inicio de negociaciones para la firma de ulteriores acuerdos.
- Contratos de distribución exclusiva o selectiva, limitando el uso de internet o la utilización de ciertas plataformas.

En esto casos, cuando no hay ninguna eficiencia económica que vaya realmente a materializarse digna de protección (como permitir entradas en el mercado de nuevas empresas, lanzamientos de nuevos productos, bajada de precios…), o cuando el efecto restrictivo sobre el mercado –por el hecho que los competidores coordinen sus estrategias– es muy sustancial (porque el porcentaje del mercado afectado por el contrato sea muy relevante), tienen muchas probabilidades de considerarse anticompetitivos y acaben siendo prohibidos. En todo caso, todo aquello que suponga intercambio de información estratégica entre competidores –reales o potenciales– sobre sus clientes, o de futuros comportamientos en el mercado, supondrá un ejercicio exorbitante de la libertad de empresa digno de persecución.

En este ámbito no podemos dejar de mencionar otro aspecto, en conexión con la potencia de la IA y del diseño de sus algoritmos cuando se utilizan para configurar comportamientos o procesos comerciales para provocar conductas conscientemente paralelas entre competidores que tengan efectos restrictivos para el nivel de competencia (como, por ejemplo, utilizando herramientas de monitorización de precios y *repricing* en tiempo real). Los fundamentos de la teoría –económica– de juegos puede estar muy presente en los modelos algorítmicos y servir para movilizar los incentivos necesarios para provocar en el mercado conductas previsibles y tácitamente coordinadas de las empresas.

Concentraciones empresariales. Esta categoría de conductas pretende afectar a la estructura del mercado modificando los mecanismos del ejercicio del control de la actividad competitiva de las empresas. Nos estamos refiriendo a las operaciones de adquisición de empresas, fusiones, escisiones, compra de paquetes accionariales, acuerdos entre accionistas o formalización de cualquier tipo de contrato de suministro que permita ejercer una influencia decisiva sobre el comportamiento en el mercado de una empresa. En los últimos años estamos siendo testigos de una actividad frenética en las compras y ventas de *start-ups* en el sector de la IA.

Esta es una forma más del ejercicio de la libertad empresa, sin duda. El empresario/accionista debe poder salir y abandonar el mercado vendiendo su empresa cuando lo considere oportuno conforme al nivel de aversión al riesgo empresarial que pueda soportar. Y es perfectamente legítimo y razonable económicamente desarrollar una actividad productiva desde una empresa que ya esté activa en el mercado en lugar de empezar desde el inicio. Pero no puede descartarse que la compra de una empresa —competidora actual o potencial— sea en realidad el vehículo para expulsarla del mercado, haciendo desaparecer una fuente de tensión competitiva autónoma pues, una vez bajo el control del nuevo propietario, será este el que decidirá las prioridades de actuación en el mercado. De esta forma se afectaría a la estructura del mercado, eliminando una fuente de presión competitiva, reforzando el poder de la empresa compradora y, por lo tanto, con muchos incentivos para elevar precios, reducir la calidad de los productos y dañar el bienestar del consumidor. Son las llamadas *killer acquisitions*, y es uno de los grandes riesgos a los que el sector de la IA generativa se enfrenta.

Y ese riesgo de que desaparezcan empresas innovadoras y eficientes se despliega en dos ámbitos. En primer lugar, por la imposibilidad de que absolutamente todas las transacciones deban someterse a la previa´ autorización y escrutinio regulatorio de las autoridades públicas. Y eso es así porque se considera que para que este tipo de transacciones –que se enmarcan en el legítimo ejercicio de la libertad de empresa, recordemos– puedan generar potencialmente un daño al orden público económico debe existir un impacto sustantivo en el mercado, fijando para ello unos umbrales –en términos de volumen de facturación o de cuotas de mercado de las empresas implicadas– respecto de los que se presume que si no se sobrepasan no hay riesgo relevante de afectar negativamente a la dinámica competitiva de los mercados afectados. Por lo tanto, no todas las operaciones de compra de empresas activas en los mercados de la IA generativa son detectadas por los reguladores.

Pero, en segundo lugar, poder llegar a una conclusión -desde el punto de vista económico y jurídico- respecto a que el resultado más que probable de la adquisición de la empresa objetivo vaya a ser la desaparición del mercado de los productos y servicios que comercializa es una labor técnica de análisis prospectivo altamente compleja, que necesita que sea robusta y bien fundada dado que si no podrá ser considerado como una limitación desproporcionada a la libertad de empresa por parte de los poderes públicos; además de producir un daño a la innovación y al bienestar del consumidor por haberse impedido una transacción empresarial que muy probablemente generaba eficiencias económicas. Los falsos positivos pueden llegar a veces a generar más daño a la dinámica competitiva.

Otro aspecto que hay que valorar en las concentraciones empresariales nada desdeñable es el efecto sobre el incremento del riesgo de coordinación de las empresas que estén activas en el mercado tras la transacción. Y ello es así porque los mercados con estructuras oligopolistas también suponen un riesgo por los incentivos que existen de relajar la tensión competitiva entre ellas, considerando posible, económicamente racional y por tanto preferible adoptar una estrategia a largo plazo destinada a incrementar los precios. Por ello se pueden dar situaciones en las que la concentración incrementa la probabilidad de que empresas que no coordinaban su comportamiento previamente pasen a coordinarse, o facilita o hace más estable o efectiva la coordinación entre empresas que ya se coordinaban.

Por estos motivos, la actividad empresarial en el sector de la IA generativa no puede ser indemne a los principios de la regulación de los mercados. La dimensión de innovación, de aumento de eficiencia y productividad que aporta a la economía el desarrollo en un entorno competitivo de la IA generativa, y por el enorme daño que produciría una asignación ineficiente de recursos, exige extremar la atención, los esfuerzos y los recursos para erradicar conductas y comportamientos que suponen un ejercicio exorbitante de la libertad de empresa.

Acabemos nuestro análisis identificando qué grupos empresariales y qué autoridades públicas encargadas de supervisar los mercados conforman al día de hoy los dos bandos dialécticos enfrentados a la hora de la defensa del paradigma de la eficiencia empresarial en el sector de la IA generativa.

¿Qué empresas activas en los mercados relacionados con la IA están en el foco de atención del cumplimiento de la normativa de competencia?

Si hacemos un ejercicio para intentar identificar qué grupos empresariales son los que en la actualidad podrían ser considerados como potencialmente sospechosos, con poderosos incentivos para aumentar su poder de mercado en perjuicio de la competencia, nos encontraremos a nivel de:

Infraestructura para IA. Nvidia, como fabricante de chips de aceleración de IA y desarrollador de su plataforma CUDA, es al día de hoy el gran actor que está en el primer eslabón de la cadena. Su anunciada plataforma GPU Blackwell está generando muchas expectativas. También Google con su propuesta de TPU. Respecto de servicios *cloud* Amazon, con su servicio AWS, Gooogle Coud Platform o Microsoft con Azure, son los referentes junto con el *hyperscaler* CoreWeave. Como grandes proveedores de *data sets* se encuentran Common Crawl y The Pile, que destacan por su masividad y la diversidad de fuentes; pero hay alternativas que ofrecen ventajas en términos de calidad y especificidad del contenido como OpenWebText o Massive Text. Sin olvidar repositorios propietarios como pueden ser Youtube, Meta, X, o Instragram.

Modelización de la IA. Google con Gemini, OpenAI con ChatGPT, o Meta con Llama, o Microsoft con Azure AI Model Catalog, tienen presencia muy relevante. Y destaca también Claude 3 de Anthropic con pretendido enfoque más hacia un estándar alto de IA responsable.

Despliegue de la IA. En este segmento más enfocado a los clientes finales destacan OpenAI, con su ChatGPT, y Dall-E, Microsoft con Copilot, Google con Gemini. También tenemos como actores relevantes las propuestas de JasperAI, Midjourney o ClaudeAi.

Estos serían los grupos que muy probablemente tendrán entre sus equipos de asesores legales y economistas a especialistas en Derecho de la Competencia, con conocimiento y experiencia para presentar su visión sobre cómo entender una competencia en los mercados de IA generativa basada en los méritos y en la eficiencia de sus prestaciones. ¿Pero y quién les da el contrapunto en estos debates?

¿Qué instituciones y mecanismos existen para luchar contra las prácticas anticompetitivas o mitigar los fallos en los mercados de la IA?

Dada la importancia y criticidad de asegurarnos el adecuado funcionamiento de una economía de mercado en el sector de la IA generativa, los poderes públicos están revestidos de competencias para asegurar el cumplimiento de la normativa de competencia y toda aquella que vele por la disputabilidad de los mercados (como sería la *Digital Markets Act* o la *Data Act*[4]); pero también para crear las condiciones de contorno para reducir las barreras de entrada en los mercados de la IA generativa o reparar los fallos de mercado que pudieran existir.

En España, la Comisión Nacional de los Mercados y de la Competencia, y en la UE la Comisión Europea, están encargadas en sus respectivos ámbitos de actuación, junto con los jueces y Tribunales, de supervisar el funcionamiento de los mercados implicados en la IA generativa y a los que las empresas deben acudir solicitando amparo ante cualquier restricción del orden público económico. Tampoco puede pasar desapercibida la práctica decisional o la literatura específica que actualmente emana de otras instituciones con idénticos cometidos. En este ámbito están siendo muy activas la *Autorité de la Concurrence* francesa, la *Autoridade da Concorrência* portuguesa o la *Competition Markets Authority* del Reino Unido. Sin olvidar la OCDE o, al otro lado del Atlántico, la *Federal Trade Commission* o el *Departament of Justice* de Estados Unidos.

Mencionemos no obstante, en el ámbito específico de la IA, que si bien la recién creada AESIA –Agencia Española de Supervisión de la Inteligencia Artificial– o la Oficina Europea de Inteligencia Artificial, conforme al Reglamento de Inteligencia Artificial[5], no disponen de competencias de regulación de los mercados de la IA generativa, sus resoluciones sin duda tendrán un impacto relevante en cómo conformar el tipo de productos, modelos y soluciones que podrán estar disponibles en el mercado para ser monetizados. Pero, sobre todo, las características y envergadura de dos de las partidas de costes que van a ser muy relevantes en el futuro en cualquier caso de negocio de las empresas implicadas en el despliegue del

---

[4] *Reglamento (UE) 2023/2854 del Parlamento Europeo y del Consejo* de 13 de diciembre de 2023 sobre normas armonizadas para un acceso justo a los datos y su utilización.

[5] *Reglamento (UE) 2024/1689 del Parlamento Europeo y del Consejo* de 13 de junio de 2024 por el que se establecen normas armonizadas en materia de inteligencia artificial.

modelo de IA generativa. Por un lado, serían los costes a asumir para asegurar el respeto de la normativa en materia de propiedad intelectual de los contenidos que se utilicen para entrenar a la IA; y por otro los costes de gestionar adecuadamente las obligaciones derivadas de la gestión de los riesgos y del cumplimiento normativo de la IA generativa. La AESIA y la Comisión Europea, en el marco de sus competencias de aplicación del Reglamento de Inteligencia Artificial, esculpirán los contornos y la envergadura de estas partidas de costes.

Por último, diferente de la persecución de las conductas restrictivas para prohibir actuaciones, sancionar o imponer obligaciones; pero casi más importante por los impactos que pueda tener en la economía real, los poderes públicos tienen también el cometido de facilitar las condiciones de acceso al mercado para promover la necesaria presión competitiva. Serían, por ejemplo, las iniciativas como la *European High Performance Computing Joint Undertaking (EuroHPC JU)* para facilitar a las empresas el acceso a recursos computacionales críticos (como al supercomputador español Marenostrum 5), generar modelos y corpus de datos accesibles para desarrollar una infraestructura pública de modelos de lenguaje (ALIA, por ejemplo, es el modelo fundacional abierto de IA generativa desarrollado en España) o implantar políticas destinadas a desarrollar el talento en IA. Por lo tanto, actuaciones represivas no son las únicas palancas de los poderes públicos para el desarrollo de una competencia efectiva en los mercados de la IA generativa; y todos los países vienen implementado sus estrategias nacionales de IA para no perder competitividad en este sector.

Sin duda, estas iniciativas y estratégicas públicas seria y concienzudamente desarrolladas, pero sobre todo junto con la propia ética y compromiso de cumplimiento normativo en materia *antitrust* de las empresas que disfruten de cierto poder de mercado, nos permitirá como sociedad poder captar las importantísimas transformaciones económicas y sociales a las que nos conduce la IA generativa.

Para ampliar y consultar hay disponibles estos recursos:

AVIS 24-A-05 du 28 juin 2024 relatif au fonctionnement concurrentiel du secteur de l'intelligence artificielle générative. Autorité de la Concurrence. https://www.autoritedelaconcurrence.fr/fr/avis/relatif-au-fonctionnement-concurrentiel-du-secteur-de-lintelligence-artificielle-generative

ChatGPT, Bard & Co.: an introduction to AI for competition and regulatory lawyers November 2023. 9 Hausfeld Competition Bulletin (1/2023), Article 1 Thomas Höppner / Luke Streatfeild. https://papers.ssrn.com/sol3/papers.cfm?abstract_id=4371681

Generative AI and Competition Policy. 2024 Florence Digitalisation Summer Conference 17 June 2024. Key-note Speech. Nuno Cunha Rodrigues. https://www.concorrencia.pt/en/articles/generative-ai-and-competition-policy-nuno-cunha-rodrigues

Competition and generative artificial intelligence. November 2023. Autoridade da Concorrência https://www.concorrencia.pt/sites/default/files/documentos/Issues%20Paper%20-%20Competition%20and%20Generative%20Artificial%20Intelligence.pdf

CMA AI Strategic Update. 29 abril 2024. https://www.gov.uk/government/publications/cma-ai-strategic-update/cma-ai-strategic-update

Contribution to the Call of the European Commission on Competition in Generative AI. 11 marzo 2024. Asociación Española de Defensa de la Competencia https://www.aedc.es/wp-content/uploads/2024/03/AEDC_Generative-AI_11-02-24.pdf

Estrategia de Inteligencia Artificial 2024. Ministerio para la Transformación Digital y de la Función Pública. https://digital.gob.es/dam/es/portalmtdfp/DigitalizacionIA/Estrategia_IA_2024.pdf

PERIODISMO Y COMUNICACIÓN

Desinformacion e inteligencia artificial
De lo inesperado a lo imprevisto

Raúl Magallón-Rosa

Introducción. La transformación de los mecanismos de confianza y la reconstrucción social de la veracidad

Si algo hemos aprendido de la desinformación en la última década es su capacidad de mutación y adaptación a contextos locales a partir de narrativas globales. El caso más paradigmático es el del fraude electoral, que empezó siendo una teoría desarrollada por determinadas y minoritarias voces, y se ha convertido en una estrategia política cada vez más frecuente en todo el mundo.

Paralelamente, se ha puesto en cuestión el papel de las redes sociales en la calidad democrática de nuestras sociedades. La conclusión más repetida es que los avances comunicativos se han visto ralentizados por la capacidad de reproducción que tiene la desinformación a la hora de generar debates en la opinión pública.

En el contexto actual, la inteligencia artificial abre un tiempo de posibilidades y esperanzas de mejora para muchas áreas de conocimiento, de un desarrollo social, económico y científico que to-

---

Raúl Magallón-Rosa trabaja como profesor en el Departamento de Comunicación de la Universidad Carlos III de Madrid. Sus investigaciones se centran en la relación entre desinformación, tecnología y esfera pública. Es autor de *Updating News. Información y democracia*.

davía somos incapaces de calibrar correctamente. Sin embargo, en lo referente al ámbito de la comunicación las expectativas conviven con un catálogo identificable de riesgos e incertidumbres sobre sus usos y consecuencias que hace que aparezcan más dudas que horizontes de progreso y acción social, económico y científico.

Nuestra relación con la tecnología ha entrado en una nueva fase donde el *solucionismo tecnológico* ya no se presenta como una estrategia de marketing tan eficaz para establecer futuros y utopías posibles -como otras tecnologías precedentes-.

Una de las razones principales de la pérdida de eficacia del mito disruptivo de la tecnología es que más que un acelerador democrático se convirtió en un espejo con gran capacidad de reproducción de nuestros defectos.

A medida que fue ganando en importancia, su diseño y estructura se fueron volviendo más invisibles, mientras que paralelamente se hacían más visibles sus disfunciones y su pérdida de valor democrático para la sociedad.

En este sentido, el desarrollo de la inteligencia artificial está modificando de forma evidente –aún más incluso que las tácticas de posverdad de la última década– la relación que teníamos con los contratos sociales de verdad y veracidad, pero sobre todo transformando los mecanismos de confianza que lo sustentaban.

Las sospechas y miedos que están emergiendo no son tanto a creer en determinadas cuestiones sino a que la descreencia, el escepticismo y la duda se vuelvan sistemáticas y paralizantes. En esta competición por las nuevas posiciones de poder, el avance de la IA es también una carrera publicitaria y un intento de sustituir oligopolios precedentes (Magallón-Rosa, 2023).

Como consecuencia, se dibuja un escenario pesimista cada vez más compartido –a veces por pereza intelectual, otras porque el pesimismo es un buen *vendedor puerta a puerta*, y otras por la fuerza utilitarista del presente– que podría permitir el auge de actores más autoritarios disfrazados de diferentes hiperliderazgos, pero que también podría potenciar la fragmentación de los relatos colectivos.

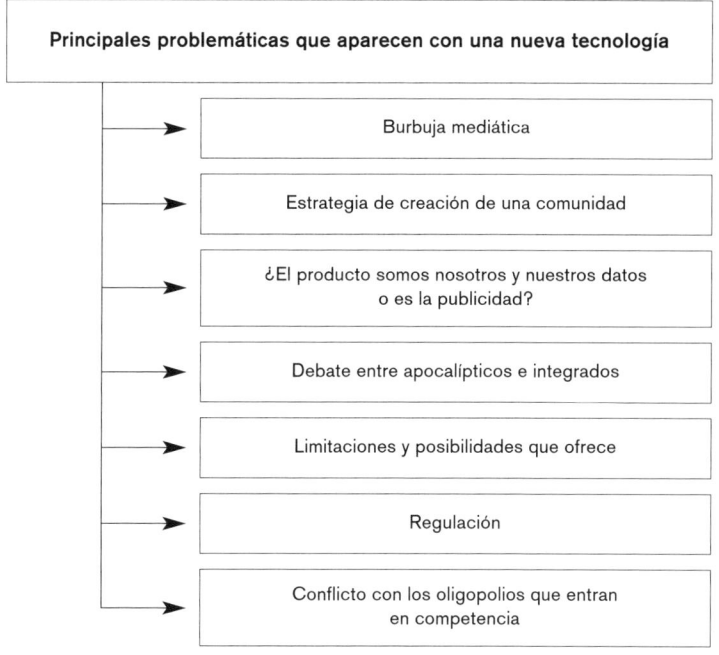

Fuente: Raúl Magallón (2023).

Más allá de los riesgos y oportunidades que presenta la IA, su uso en la política, la cultura o la producción de bienes y servicios está rodeado de incógnitas sobre las aplicaciones y consecuencias que tendrá en los próximos años. Esta incertidumbre está acompañada de la necesidad de regular sus diferentes usos sin conocer todas las posibilidades que puede generar, pero sobre todo siendo conscientes de su poder para diseñar e implementar estrategias de desinformación a corto, medio y largo plazo.

Las narrativas y usos se vuelven cada vez más globales y los ejemplos no hacen más que hacer crecer la enciclopedia de la desinformación, sus diferentes formas de repetición y las posibilidades de adaptación a distintos escenarios.

La desinformación crece, y con ella la sobreinformación

Desde 2016, con el Brexit y las elecciones en Estados Unidos celebradas ese año, somos más conscientes del poder que tiene la segmentación política y el uso de datos masivos para movilizar y desmovilizar a la ciudadanía.

Sin embargo, las posibilidades que esta hiperpersonalización presenta actualmente con las nuevas formas de comunicación algorítmica van más allá de los datos y se integran en la capacidad de establecer relaciones y gamificaciones sobre cuestiones sensibles, polémicas y divisivas en procesos electorales e imaginarios políticos, mediáticos y sociales.

En los últimos tiempos, y de forma cada vez más frecuente, hemos podido comprobar cómo la polarización aumenta a medida que los partidos políticos –pero también agitadores disruptivos– se convierten en una parte importante de nuestra identidad política y social menos visibilizada.

Como consecuencia, las principales banderas de las guerras culturales –aborto, feminismo, religión, nacionalismo o inmigración– se convierten en un eje de nuestra ideología grupal y, por lo tanto, de nuestra burbuja informativa cotidiana (Magallón-Rosa, 2022).

Al respecto, Marta Peirano señala que "en todos los lugares del mundo hay agencias usando ChatGPT para comprender a grupos cada vez más pequeños de votantes, generar discursos y material de campaña, traducirlo a muchos idiomas y crear avatares virtuales de los candidatos para que puedan chatear con todo el mundo y estar en todas partes a la vez" (Peirano, 2024).

Paralelamente, la idea que sus defensores pretenden enmarcar en el imaginario social menos reflexivo es que "las democracias no son, dicho de otro modo, tan diferentes de los regímenes autoritarios" (Hernández-Echevarría, 2024: 64).

Con este escenario de futuros posibles y plausibles, se plantea el desarrollo de regulaciones que se constituyan sobre una base

Acontecimiento	Cambio político	Cambio mediático
Revoluciones de 2011	Desarrollo de movimientos sociales	Las redes sociales como altavoz político
Procesos electorales de 2016	Polarización y *fake news*	Las redes sociales como herramientas de (re)intermediación de los mensajes políticos
Pandemia	Opacidad y teorías de la conspiración	Desconfianza en representantes políticos, normalización de canales y mensajes alternativos
Invasión a Ucrania	Realineamiento de relaciones internacionales	Tendencias por consolidar: mundo más opaco, fatiga informativa y más propaganda estatal

Fuente: Magallón-Rosa (2022).

que pueda comprender las distintas casuísticas que presentan sus nuevos usos y disfunciones.

Todo parece indicar que si la IA no se regula correctamente, su instrumentalización ideológica y política puede estar orientada hacia intentar dirigir el debate sobre cosas que nunca han sucedido, a generar relatos de polarización y discursos en torno a cuestiones sensibles que pueden crear un imaginario y una estructura de pensamiento sobre determinadas cuestiones clave para la decisión de voto.

Otro factor en proceso de comprensión y exploración que puede ofrecer la IA es el de la ubicuidad persuasiva. Es decir, el intentar estar en todos aquellos espacios comunicativos donde los ciudadanos pueden ser influenciados por mensajes políticos. Hasta ahora era una cuestión de tiempo y recursos.

Pero la ubicuidad también hace que cualquier lugar, cualquier narrativa o cualquier relación entre actores con visibilidad política puedan ser objetivo de un *deepfake*, con la consiguiente vulnerabilidad para los representantes políticos, las figuras públicas, colectivos vulnerables o *víctimas colaterales.*

La enciclopedia de la desinformación.
Ejemplos y evolución del uso político e ideológico de la IA

Se ha vuelto evidente que el uso de los *deepfakes* no solo se presenta como una herramienta de desinformación en procesos electorales; en la actualidad también puede formar parte de las estrategias geopolíticas internacionales -sobre todo en conflictos bélicos y acontecimientos de gran intensidad informativa- o de las batallas culturales determinadas por los ciclos de actualidad.

Lo novedoso es su integración en esferas hasta ahora menos sensibles a este fenómeno de la desinformación como es el cambio climático, donde también están empezando a tener relevancia. En un contexto de fatiga informativa, uno de los problemas subyacentes que emergen es que el exceso de noticias negativas acabe generando indiferencia e inacción en la ciudadanía (Fernández-Castrillo y Magallón-Rosa, 2023).

Bajo el paraguas del obstruccionismo -más que del negacionismo- se vislumbran estrategias de desinformación que emergen coincidiendo con fenómenos extremos de calor o catástrofes climáticas. Lamb et al. (2020: 2), al respecto, destacan cuatro categorías de discursos y narrativas obstruccionistas: la redirección de responsabilidad; la defensa de soluciones no transformadoras; el énfasis en los inconvenientes; y la rendición.

El uso de imágenes falsas generadas mediante IA es un ejercicio de gamificación creciente por parte de determinados grupos obstruccionistas, pero también una estrategia para crear confusión y que el adversario político no tenga ventaja en el juego del relato.

El acceso cada vez más sencillo a esta tecnología y la mejora de calidad de los resultados que ofrece está permitiendo su integración de forma extraordinariamente rápida. Recordemos que los *deepfakes* son "aquellos archivos de vídeo, imagen o voz manipulados mediante una herramienta o programa dotado de tecnología de inteligencia artificial que permite el intercambio de rostros en imágenes y la modificación de la voz, de modo que los archivos parezcan originales, auténticos y reales" (Garriga et alt., 2024).

Los *deepfakes* se utilizan para inducir a engaño a los distintos receptores, ya sea haciendo que un representante político diga algo en un vídeo o audio que realmente nunca afirmó, con imágenes falsas de lugares y acontecimientos que tienen el foco de la actualidad informativa, o incluyendo la imagen de un famoso (o de cualquier persona) en un material denigrante, como el pornográfico, con el objetivo de perjudicarle o chantajearle.

Con esta capacidad de producir y difundir contenido de forma masiva, emergen determinados actores generadores de contenidos falsos que pueden usar esta tecnología para crear narrativas engañosas que se difundan rápidamente y alcancen a diferentes audiencias de forma casi simultánea.

Al respecto, hasta ahora las principales características de los *deepfakes* eran (Garriga et alt, 2024):

- Utilizan como estrategia el desarrollo de falsos contextos.
- Se sirven principalmente de personajes políticos, y cantantes y artistas femeninas.
- Se trata de narrativas vinculadas a los ciclos de actualidad.
- Se caracterizan por la ralentización de movimientos.
- Destacan las alteraciones faciales.
- Reproducen la explotación de estereotipos.
- Generalmente son compartidas desde cuentas no oficiales.

De este modo, la desinformación entendida como una estrategia política, ideológica y cultural que pretende obtener réditos a corto y medio plazo cada vez es más utilizada. Más allá de los procesos de movilización, está su capacidad para generar desconfianza y parálisis. Como recuerda Hernández-Echevarría, "tal vez su objetivo sea deslegitimar los resultados y a las instituciones que salen de ellos, o quizás solo buscan transmitir la idea de que tu voto no importa porque esos resultados ya están decididos de antemano" (Hernández-Echevarría, 2024: 64).

Sobre los usos de la IA para combatir la desinformación

A pesar de que los riesgos son evidentes y visibles, la investigación académica y periodística sigue intentando explorar formas de mitigar la desinformación. En ocasiones, identificando patrones, a través de la conversación con *chatbots* o estableciendo relaciones más personalizadas con los interlocutores.

Su uso político cada vez está más extendido. Como recuerda Rafa Rubio, "estas tecnologías brindan también oportunidades a los partidos y candidatos para una mejor comprensión de la realidad, para el desarrollo de estrategias sofisticadas o para optimizar su comunicación con los votantes" (Rubio et alt, 2024).

Otro ejemplo de un uso positivo defiende la posibilidad de llegar a distintos electorados en sociedades cada vez más plurales. Adaptar los mensajes a los distintos idiomas de la ciudadanía interpelada es quizá una de las aplicaciones con más posibilidades.

Por su parte, Gerardo de Icaza subraya que "en Paraguay, una organización de la sociedad civil inconforme con el hecho de que no hubiera debate presidencial introdujo las plataformas de los dos candidatos principales a ChatGPT y generaron un debate de ficción por medio de caricaturas" (en Rubio *et alt*, 2024).

También queda por comprobar su eficacia para mejorar el alcance de los programas electorales, su capacidad para hacer un seguimiento del cumplimiento y sus posibilidades de adaptación a los distintos formatos y electorados.

En la línea de la mitigación de narrativas desinformadoras, se están desarrollando iniciativas de IA que buscan luchar contra las teorías de la conspiración (en España, podemos encontrar los proyectos MARTINI o XAI-Disinfodemics).

Para Thomas Costello, investigador del MIT, la clave está en la personalización de la respuesta puesto que "los modelos de IA tienen acceso a una tonelada de información sobre diversos temas, han sido entrenados y, por lo tanto, tienen la capacidad de contra argumentar con hechos teorías particulares que la gente cree" (Limón, 2024). Los resultados de su trabajo mostraron un 20% de reducción de las creencias erróneas y un beneficio posterior de dos meses en las conversaciones relacionadas.

Usos de los 'deepfakes' para socavar el contrato de confianza electoral

Dentro del ámbito de la desinformación, y a largo plazo, el uso de los *deepfakes* es quizá la problemática más difícil de resolver puesto que incluso puede afectar a menores. Sus consecuencias pueden ser más graves debido a la falta de alfabetización de los más jóvenes sobre los límites de este tipo de aplicaciones, la viralización de las imágenes, y el desconocimiento de las consecuencias jurídicas de determinadas actuaciones.

En esta línea, la velocidad de propagación de determinados contenidos en campaña electoral es quizá la cuestión más sensible desde el punto de vista de la "estabilidad" de los procesos electorales. Como recuerda Carlos Hernández-Echevarría, "uno de los peores escenarios posibles empieza así: en la mañana de la jornada de reflexión, un teléfono vibra. Es una nota de voz. A la hora del aperitivo, el mensaje está ya en 100.000 teléfonos; y después de la siesta, en medio millón".

Pero, al ser situaciones cada vez más frecuentes, el aprendizaje de sus disfunciones es del mismo modo más rápido. Al respecto, Rafael Rubio, Federico Franco y Vitor de Andrade identifican en los procesos electorales los siguientes riesgos (Rubio *et alt*, 2024):

- Infoxicación y tergiversación de la realidad.
- Polarización, desestabilización e incitación del conflicto.

- Ruptura de la equidad y la neutralidad comunicativa.
- Abuso de datos y chantaje psicométrico.
- Acoso, discriminación y violencia política.
- Desviación de controles oficiales.

Con este mapa conceptual de disfunciones, instrumentalizaciones y malos usos, se vuelve imprescindible identificar las narrativas vinculadas a los principales agujeros negros de las teorías conspirativas. Entre ellas destaca el amaño de elecciones, los abusos de poder, los falsos apoyos, etc. De este modo, automatización, repetición y segmentación se convierten así en tres características de estas nuevas campañas que pretenden modificar el comportamiento del electorado.

Recuerda Peirano cómo ya se ha utilizado en la India "Dall-E, Midjourney, Stable Diffusion y Pika para generar material creativo de campaña de forma barata, flexible e instantánea, con audios y vídeos sintéticos de candidatos dirigiéndose personalmente a cada votante" (Peirano, 2024).

En el nuevo escenario, el aumento de memes con mensajes falsos para generar narrativas favorables a determinados intereses puede ser aún más difícil de dar respuesta por su carácter anónimo, pero también por las posibilidades comunicativas que ofrece el ecosistema digital para que cualquier persona pueda intentar viralizar mensajes polarizantes en la esfera pública.

La creación de estereotipos y mensajes sesgados forma parte de la nueva participación política de las llamadas militancias digitales, menos comprometidas con las formaciones políticas y más centradas en la defensa de determinadas narrativas ideológicas. Como señalaba Alex Stamos, director del Observatorio de Internet de la Universidad de Stanford, "un contenido falso que se mueve entre grupos de chat, llamadas telefónicas o mensajes individuales es mucho más peligroso" (Peirano, 2024). El ejemplo más repetido es el de la campaña electoral de Eslovaquia, cuando se publicó una grabación de audio en Facebook que parecía mostrar al líder del partido opositor hablando de sus planes para manipular las elecciones (Meaker, 2023).

De este modo, podemos identificar las siguientes disfuncionalidades que la IA y los *deepfakes* pueden suponer para los procesos electorales:

Disfunciones de la IA aplicada a procesos electorales	Ejemplos
Candidatos	- Declaraciones falsas (audios y videos) - Utilización de la imagen de candidatos fallecidos - Establecer una simbología y enmarcar relaciones falsas - Deepfakes de carácter pornográfico para socavar su imagen - Consumo de alcohol o drogas con videos ralentizados
Imágenes de campaña electoral	- Imágenes de entrevistas, mítines y actos de campaña alterados
Celebrities	- Falsos apoyos o declaraciones de personajes con influencia social
Debates electorales	- Creación de una narrativa alternativa - Afirmaciones sacadas de contexto o falsas promesas - Intentos de deslegitimar la celebración del propio debate
Voto por correo	- Falsos ejemplos de participación - Papel de empresas públicas en la custodia del voto
Problemáticas sensibles y polémicas de campaña	- Uso instrumental para exacerbar pasiones relacionadas con la inmigración, el aborto o el feminismo
Sucesos relacionados con la jornada electoral	- Fraude electoral - Papel de empresas públicas en el recuento de votos

Fuente: Elaboración propia.

Mención especial merece el aumento de *deepfakes* de carácter sexual. Esta clase de contenido no solo trata de modificar la imagen pública de ciertas mujeres, sino también deslegitimar su mensaje.

Por otra parte, y desde el punto de vista de la verificación, necesitamos seguir estudiando y analizando las tipologías de *deepfakes* y responder a preguntas como: ¿Cuántos *deepfakes* están relacionados con cuestiones de actualidad internacional y cuántos son de ámbito local? ¿Cuáles son los formatos más utilizados?¿Qué características comunes tienen los protagonistas/víctimas de los mismos? ¿Cuáles son las temáticas preferentes? ¿Qué características cómunes explican la viralidad de los *deepfakes*? ¿Hay diferencias entre los *deepfakes* relacionados con hombres y con mujeres? (Garriga *et alt*, 2024).

La regulación posible y la legislación probable.
Un debate para las democracias digitalmente mediatizadas

La desinformación es un fenómeno transversal y, por lo tanto, los usos que se puedan hacer con IA para manipular de manera voluntaria o inconsciente a la ciudadanía abarca cuestiones de gran diversidad como el ámbito jurídico, la capacidad de respuesta política, el papel de las plataformas tecnológicas, etc.

Desde el punto de vista de la regulación, las opciones más lógicas –ya las conocemos– pasan por:

1. Establecer unos mecanismos de autorregulación rápidos y eficaces para posteriormente evaluar el aprendizaje de los mismos y su posible regulación posterior.
2. Establecer una serie de principios regulatorios mínimos que permitan mitigar y no hacer crecer de forma exponencial los riesgos no deseados.

En ambos casos es importante señalar que la justicia –ante la aparición de nuevos casos– sigue trabajando con las leyes existentes.

En este nuevo escenario, las redes sociales y las plataformas tecnológicas adquieren un rol de árbitro electoral cada vez más evidente. Barrett (2020) destaca que «las plataformas están asumiendo la posición de mediador de la verdad en hasta cuatro categorías de contenido: salud, medios manipulados, acontecimientos trágicos y procesos cívicos (votaciones)».

De los aprendido en los últimos años, una de las certezas más evidentes es que "es esencial que el uso de la IA en los procesos electorales cumpla unas normas éticas que refuercen el acceso a la realidad, la ponderación y la conciencia como aspectos cualitativos del derecho al voto" (Rubio *et alt*, 2024).

A partir de Cambridge Analytica vimos cómo el análisis de sentimiento –y su uso psicológico– se convertían en una pieza fundamental de las campañas políticas. La capacidad para recopilar datos personales y la respuesta en tiempo real a determinados mensajes hicieron de ello una oportunidad que iba más allá del marketing político para adentrarse en la psicología de la persuasión y en las llamadas guerras cognitivas.

De este modo, la transparencia de los algoritmos, la identificación de contenidos creados con inteligencia artificial o su papel en la captación de fondos para campañas electorales son ejemplos de problemáticas que comparten los distintos países a la hora de intentar adaptar la regulación al contexto actual y futuro.

La Comisión Europea ya apuntó en su momento que «el tratamiento de datos, la forma en que se diseñan las aplicaciones y el grado de intervención humana pueden afectar a los derechos, a la libertad de expresión, a la protección de los datos personales, a la intimidad y a la libertad política» (Comisión Europea, 2020), y defendió la necesidad de crear un "ecosistema de confianza" que hacía referencia a la acción y supervisión humana; la solidez técnica y la seguridad; la gestión de la privacidad y los datos; la transparencia; la diversidad, no discriminación y equidad; el bienestar social y medioambiental; y la rendición de cuentas.

Más recientemente, el Reglamento europeo sobre IA se ha centrado y orientado a establecer niveles de riesgos que permitan una mejor comprensión de las consecuencias no deseadas.

En el contexto actual, la ventaja sobre el análisis de sus efectos radica en que la globalización de estas narrativas permite conocer ejemplos de distintos países de forma más o menos instantánea, así como las consecuencias y posibles riesgos que se generan.

En Brasil, ya se ha aprobado una legislación al respecto que puede servir para establecer un marco de evaluación inicial de forma rápida y eficaz[1], donde se incluye la obligación de incluir advertencias al principio y/o al final de los contenidos de carácter político generados con IA (dependiendo del soporte).

El debate ya no es tanto sobre las oportunidades, sino sobre cómo gestionar un futuro que abre diferentes posibilidades de uso no deseadas, pero también no identificadas.

Como señalan Rubio *et alt.* (2024), "proponemos una discusión centrada en el paradigma del riesgo, es decir, en el horizonte de contingencias o externalidades negativas provocadas por el uso malintencionado de herramientas de IA, pero con la esperanza de que el sentido general de alerta no sea interpretado como una muestra de determinismo alarmista".

Al respecto, se plantea necesaria una legislación que obligue a las plataformas, aplicaciones y programas como Midjourney o Dall-e –que permiten desarrollar y modificar este tipo de contenidos–, a establecer una marca de agua que los identifique y permita al usuario conocer que esa imagen o vídeo ha sido modificado o creado con IA. El etiquetado se presenta así como un principio democrático de transparencia y buena fe.

Por otra parte, la legislación debería comprometer a los grupos de presión, partidos políticos y candidatos a establecer la obligación de indicar cuando una imagen o vídeo se ha creado con inteligencia

---

[1] Véase: https://www.tse.jus.br/legislacao/compilada/res/2024/resolucao-no-23-732-de-27-de-fevereiro-de-2024

artificial y establecer unos límites sobre el uso adecuado de la misma, sobre todo en lo que se refiere a las campañas negativas contra otros candidatos y partidos.

También parece necesaria una verificación interna de los actores que usan la IA y que permita conocer su predisposición para alterar la esfera pública digital. La trazabilidad, desde el punto de vista de la responsabilidad jurídica, parece que de momento es una de las cuestiones más problemáticas de resolver.

Por otra parte, y tomando como base el aprendizaje de la lucha contra la desinformación de los últimos años, resulta imprescindible que siga promoviéndose la colaboración público-privada con el desarrollo de grupos de trabajo de expertos de la sociedad civil, empresas tecnológicas, etc., que permita seguir evaluando de forma correcta la importancia de los riesgos sociales que se presentan.

Por último, sigue abierto el debate sobre las formas de respuesta jurídica ante el incumplimiento de las normas aprobadas. Es ahí donde hay que seguir trabajando en las respuestas que han de dar las empresas tecnológicas –con mensajes repetidos que expliquen que el contenido ha sido generado por IA o impidiendo su viralización– o las consecuencias reputacionales que puedan afectar a los partidos políticos y a los candidatos.

En este sentido, el papel de los organismos electorales y su velocidad de respuesta debe ser mucho más ágil puesto que la casuística de denuncias y problemáticas a resolver puede ser también cada vez mayor.

Posibles efectos acumulativos y perspectivas de futuro. Los agentes dobles de la desinformación.

Identificar patrones, analizar tendencias, establecer escenarios posibles y diseñar cambios de opinión están entre las funciones que van a ir desarrollándose e institucionalizándose en torno a la inteligencia artificial.

Estos objetivos –en principio perfectamente legítimos– se pueden ver determinados por la explotación de los puntos débiles de cualquier sistema social de carácter democrático. La razón principal es que la desinformación funciona cada vez más de forma colaborativa, orientándose a analizar y, posteriormente, canalizar los sentimientos que generan los contenidos recibidos.

Este fenómeno se produce entrando en los ciclos de actualidad de manera sincronizada, pero no organizada. Cada cuestión de actualidad se integra en las batallas culturales, donde los distintos actores interpelados intentan imponer unas narrativas que pretenden establecer una hegemonía cultural e ideológica. El objetivo final, como hemos visto, se ve facilitado por una inteligencia artificial que está transformando la propia noción de comunicación política, pasando de la emoción a la modificación de las percepciones y, por tanto, a una distorsión del contrato de realidad.

En ese contrato de veracidad destaca la capacidad que tiene la inteligencia artificial para construir mundos posibles y, en consecuencia, utopías y distopías electorales y/o sociales. Después de que Joseph Biden anunciara su disposición a postularse para el cargo, los republicanos presentaron un vídeo generado por IA que presentaba las "desastrosas" consecuencias de un segundo mandato de Biden (Łabuz y Nehring, 2024).

De este modo, simultáneamente, podemos encontrar campañas falsas que intentan desacreditar a los rivales políticos y, por otra parte, candidatos que utilizan la IA para crear falsas narrativas a su favor. Se trata de un juego de espejos donde todos se convierten en agentes dobles de la desinformación.

En este sentido, y como consecuencia, es importante señalar que este juego dramatúrgico que distorsiona la realidad reconfigura el papel de los medios de comunicación en la esfera pública. Los medios emergen como actores encargados de mantener el acuerdo de realidad y defender el contrato de veracidad social.

No solo por la necesidad de distinguir entre información y opinión, sino también por su papel para establecer un marco de debate en torno a lo veraz que sea capaz de separarse de las emociones, los sesgos y los miedos sociales.

El acercamiento de baja intensidad a la actualidad, la fatiga informativa, la saturación en torno a la elección de la realidad hiperindividualizada, una información política cada vez más centrada en lo anecdótico y la última hora, y los distintos niveles de agenda política y social que confluyen en las redes sociales y sistemas de mensajería hacen que las propuestas políticas más racionales y las estrategias de campaña más moderadas queden silenciadas por *la cultura de la emoción de última hora.*

Por el camino queda por ver el uso de la inteligencia artificial en regímenes autoritarios contra voces disidentes, periodistas, etc., para fabricar narrativas falsas que les desacrediten y permitan silenciarlos.

El carácter tribal e identitario que promueve este nuevo ciclo de desinformación hace que el principio de cooperación ya no sea algo vinculado inexorablemente a las democracias, sino que precisamente son los regímenes autoritarios los que mejor están colaborando en red para seguir manteniendo el ejercicio del poder y, al mismo tiempo, responder a las denuncias de restricción de libertades señalando precisamente su capacidad de colaboración con otros países autoritarios.

Como respuesta, algunas propuestas teóricas han apuntado hacia la idea de expandir el concepto de «alfabetismo transmedia» y considerar al consumidor de información como un «actor activo que no solo adquiere habilidades cada vez más avanzadas para entender los nuevos formatos narrativos, sino que también contribuye cada vez más a la creación, combinación y compartición de contenido en las redes digitales» (Sádaba y Salaverría, 2023: 21).

Si con la llegada de las redes sociales el concepto de privacidad poco a poco fue perdiéndose –pese a algunas prácticas comunicativas de las generaciones más jóvenes y las precauciones de los más "alfabetizados" digitalmente–, el riesgo político que deja nuestra huella digital no solo es categorizarnos a través del Big Data de forma irreversible –orientándonos hacia determinados mecanismos de elección–, sino que esa categorización impida la evolución de debates ideológicos, culturales y políticos más complejos.

Conclusiones. Entre la veracidad y la autenticidad, entre lo mediado tecnológicamente y lo modificado "humanamente"

A pesar de que el auge de la desinformación supone un riesgo evidente para las democracias, sus consecuencias se presentan de forma poco visible y a veces intangible. Eso hace que su relevancia fluctúe discursivamente según la estrategia de distinción o infravaloración de quien lo reivindique y dependiendo del grado de eficacia persuasiva que puede tener en momentos de incertidumbre.

El problema de sobredimensionar e hiperbolizar el poder y la capacidad de destrucción del diálogo social de la desinformación es que, por una parte, silencia la batalla de las ideas políticas y, por otra, le da más importancia a la incertidumbre, a lo contingente, a lo puntual que al trabajo de reflexión, al diálogo entre diferentes o a la coordinación político-pública a medio y largo plazo.

El punto de partida del debate que defendía que el valor de la democracia se considera superior al valor de la verdad (Rorty, 1991), queda actualmente determinado por la pérdida de valor que tiene la verdad en los sistemas democráticos. Algo que paradójicamente acaba debilitando el valor de la democracia para los "huérfanos" de la realidad política más institucional.

En cualquier caso, podríamos señalar que los usos positivos también están ahí y que, por ejemplo, se pueden usar para esquivar la censura en países con déficits democráticos evidentes. Sin embargo, la realidad es que el papel negativo de esta tecnología ha emergido con fuerza en lo que se refiere a procesos electorales y nuevas formas y estrategias de comunicación.

Entre los posibles usos incipientes está el carácter conversacional de las nuevas herramientas de automatización. Para Piejal (2024), el modelo también puede evolucionar su enfoque basándose en las respuestas de los usuarios y el conocimiento acumulado a lo largo de una campaña, participando en «conversaciones» dinámicas y personalizadas con millones de votantes.

Esto, aunque con matices como son los ciclos de actualidad y la evasión informativa creciente de la ciudadanía, puede hacer que los esfuerzos ya no se centren solo en procesos electorales sino que las campañas de desinformación tengan la intención de convertirse realmente en permanentes y estructurales.

Entramos en una época donde, si algo es "demasiado" perfecto, probablemente no sea realizado a través de un proceso de mediación principalmente humano.

El reto que se plantea es complejo. Por una parte, distinguir entre la sobreinformación, la censura y el aumento de información falsa; y, por otra, discernir entre lo que puede ser considerado verosímil pero no veraz ni auténtico.

Referencias bibliográficas

Comisión Europea (2020). «Libro Blanco sobre Inteligencia Artificial. Un enfoque europeo para la excelencia y la confianza», Bruselas. Disponible en: https://op.europa.eu/es/publication-detail/-/publication/ac957f13-53c6-11ea-aece-01aa75ed71a1

Fernández-Castrillo, C., & Magallón-Rosa, R. (2023). El periodismo especializado ante el obstruccionismo climático. El caso de Maldito Clima. *Revista Mediterránea De Comunicación*. https://www.mediterranea-comunicacion.org/article/view/24101

Garriga, M., Ruiz-Incertis, R., & Magallón-Rosa, R. (2024). Artificial intelligence, disinformation and media literacy proposals around deepfakes. *Observatorio (OBS*)*, 18(5). Disponible en: https://doi.org/10.15847/obsOBS18520242445

Łabuz M. Nehring C. (2024). On the way to deep fake-democracy? Deep fakes in election campaigns in 2023. *European Political Science*. Disponible en: https://link.springer.com/article/10.1057/s41304-024-00482-9

Lamb, W. F., Mattioli, G., Levi, S., Roberts, J. T., Capstick, S., Creutzig, F., Minx, J. C., Müller-Hansen, F., Culhane, T., y Steinberger, J. K. (2020). "Discourses of climate delay". *Global Sustainability*, (*3*), 17. https://doi.org/10.1017/sus.2020.13

Limón, R. (2024). "Cómo usar la IA contra teorías de la conspiración: "No, la inmigración no aumenta la criminalidad". *El País*. Disponible en: https://elpais.com/tecnologia/2024-09-12/como-usar-la-ia-contra-teorias-de-la-conspiracion-no-la-inmigracion-no-aumenta-la-criminalidad.html

Magallón-Rosa, R. (2022). De las fake news a la polarización digital. Una década de hibridación de desinformación y propaganda. *Más Poder Local*, (50), 32-48. Disponible en: https://doi.org/10.56151/maspoderlocal.120

Magallón-Rosa, R. (2023). *UpdatingNews. Información y Democracia*. Pirámide.

Matza M. (2024). Fake Biden robocall tells voters to skip New Hampshire primary election. Disponible en: https://www.bbc.com/news/world-us-canada-68064247

Meaker M. (2023). Deepfake Audio Is a Political Nightmare. Disponible en: https://www.wired.co.uk/article/keir-starmer-deepfake-audio

— Deepfakes en elecciones de Eslovaquia reafirman que IA es un peligro para la democracia. *Wired*. Disponible en: https://es.wired.com/articulos/deepfakes-en-elecciones-de-eslovaquia-reafirman-que-ia-es-peligro-para-democracia

Michaelson, R. (2023). Turkish presidential candidate quits race after release of alleged sex tape. The Guardian. Disponible en: https://www.theguardian.com/world/2023/may/11/muharrem-ince-turkish-presidential-candidate-withdraws-alleged-sex-tape

Nicas J. (2023). Is Argentina the First A.I. Election? *The New York Times*. Disponible en: https://www.nytimes.com/2023/11/15/world/americas/argentina-election-ai-milei-massa.html

Pieal J. N. (2024). AI in politics: How lines between reality and 'deepfake' are blurring. *The Business Standard*. Disponible en:

https://www.tbsnews.net/features/panorama/ai-politics-how-lines-between-reality-and-deepfake-are-blurring-779066

RORTY, R. (1991) The priortity of democracy to philosophy. Objectivity relativism and truth. *Philosophical papers*. Cambridge: Cambridge University Press.

RUBIO, R. FRANCO ALVIM, F., & ANDRADE MONTEIRO, V. (2024). *Inteligencia artificial y campañas electorales algorítmicas*. Centro de Estudios Políticos. Bubok.

SÁDABA, C., & SALAVERRÍA, R. (2023). Combatir la desinformación con alfabetización mediática: análisis de las tendencias en la UE. *Revista Latina de Comunicación Social*, 81, 17-33. Disponible en: https://www.doi.org/10.4185/RLCS-2023-1552

Google quiere ser ChatGPT, pero ChatGPT quiere ser Google

David González

"Escrito por una persona".

Empiezo por el final para explicar, tal y como lo veo, el principio. El final es éste, luego regreso al principio, a la fricción:

1. Google quiere ser ChatGPT.
2. ChatGPT quiere ser Google.
3. Los periodistas llevamos 20 años escribiendo para Twitter, Facebook, Google, y hoy Discover.
4. El vídeo corto de Tik Tok parecía que nos llevaría, sin remedio, hacia noticias sin texto ni enlaces.
5. Mientras nos quejamos, todos los *chatgpts* aprenden a escribir y razonar (casi) como nosotros.

Es donde estamos.

Sobrepasados por la velocidad de estos cinco jinetes del apocalipsis, en un fin del mundo sobre el que cabalgamos como periodistas, ciclo tras ciclo. Es la foto fija (o el *selfie*, con nuestra cara de gesto torcido, con todos los CEO de esas grandes tecnológicas detrás, como si nos estuvieran empujando fuera del encuadre).

David González es periodista y economista especializado en Cultura Digital, Tecnología y Negocios. Fundador y editor del diario digital ReddePeriodistas.com, y editor de su *newsletter* semanal.

En las tres últimas décadas, no en vano, la gran fricción en las redacciones es la oposición de una gran parte de sus periodistas a escribir para las máquinas:

–"No voy a escribir para Facebook; soy periodista".
–"No voy a escribir para Google; eso no es periodismo".
–"No pienso titular con clickbait para aparecer en Google Discover".
–"Yo soy redactor no influencer; me niego a bailar en Tik Tok".

En medio de esa negativa frente a las máquinas que ahora distribuyen nuestras noticias, llega algo que va más allá de *la máquina*. Es un artefacto intangible que *habla*, *piensa* y *conversa*, con una tesitura de conocimiento con la que bien puede contarte un chiste, bien programarte una *app* de citas, bien explicarte qué son los neutrinos.

El miedo atávico a que los robots nos quiten el trabajo no había llegado a las profesiones creativas. Eran máquinas de cuello azul; no de cuello blanco. El robot ponía tuercas, no diseñaba el coche. Y, cada día, salían los periódicos.

Sin embargo, las inteligencias artificiales pueden impactar, de manera bruta, en los oficios creativos (lo es: titular, enfocar, sintetizar, explicar).

Todas las tecnológicas, todas, están en una *carrera espacial* para superdotar a su propia inteligencia artificial con altas capacidades. Así, cada semana inventan un nuevo modelo, una superversión del anterior, o cualquier otra funcionalidad que cree expectación en los usuarios que aún no controlan.

OpenAI, por ejemplo, tiene una hoja de ruta de cinco evoluciones en la que ChatGPT ya es un conversador, será un razonador, como las personas, crecerá como agente de tareas autónomo, pero se emancipará del humano gracias a una superinteligencia artificial para inventar o para suplir a la plantilla de una empresa.

Por lo pronto, hoy quieren que la IA busque en milisegundos información en internet, entienda y realice al usuario algunas preguntas de confirmación para responder su consulta, en formato texto, imagen o voz, bajo un rol preestablecido o por defecto.

No es periodismo, pero empieza a parecerse al oficio (al menos un poco) que desempeñamos los periodistas: buscar, preguntar, verificar, contrastar, escribir, explicar, publicar (y leernos a nosotros mismos al día siguiente).

La Gran Fricción, por tanto, mientras escribo esta última frase, aún no ha llegado a las redacciones, pero llegará:

"No quiero escribir para ChatGPT".

La cuestión, la gran cuestión, no es esta. Aún no necesitas *escribir para ChatGPT*.

Existe algo aún más perentorio para poder sobrevivir, como periodista, a esta gran disrupción de la IA que se nos viene encima: Necesitas aprender a hablarle a ChatGPT. Y lo necesitas de manera urgente, como digo, para poder entender cómo escribir noticias de 14 páginas, que luego resume ChatGPT en tres párrafos, para ubicar un enlace anexo, que será, con suerte, tu noticia, como fuente citada.

Y para aprender a *hablar* como ChatGPT deberás entrenar a tu propio GPT, para comprender cómo conversan y por qué generan textos así estas *nuevas máquinas* para las que no quieres escribir.

Por lo pronto, las redacciones que cuentan con ventaja en este momento de cambio de paradigma son estas tres:

–Los redactores de radio, por ejemplo, porque controlan la narrativa oral (los *chatgpts* de hoy tenderán mañana a ser lo que es Alexa o Siri).

–Los periodistas de verticales temáticos, con sus conocimientos especializados, también, porque las preguntas de los usuarios serán cada vez más de nicho, más de larga cola (*super long tail*).

–Y aún más, las redacciones de las revistas, acostumbradas a la profundidad del reportaje en modo experto, a las guías y tutoriales.

Pese a este podio, no obstante, hay que conocer cómo se entrenan los modelos de lenguaje de inteligencia artificial, cómo entienden mejor las preguntas y las respuestas, cómo atienden a un sistema de probabilidad en la que la mejor alternativa es uno de los tres o cuatro o diez *embedings* de su base de conocimiento: no la verdad.

La nueva *mecanografía* de los periodistas, para no escribir con dos dedos, será aprender primero la creación eficiente de *prompts* (los mensajes con los que le damos órdenes a un *bot*).

Aunque lo relevante será esto otro. Deberemos aprender a *entrenar chatbots*, no a hablar con ellos, porque sabiendo cómo de aleatorias son sus respuestas, alejadas o cercanas a sus conversaciones la certeza, podemos afinar nuestras noticias para que las elijan (las nuestras) frente a cualquiera de las otras.

La mayoría de IA conversacionales preferirán textos sencillos, explicativos y orales (la radio), pero bajo un aprendizaje secuencial, paso a paso (como un tutorial), pero con la necesidad de un conocimiento cada vez más profundo (como un reportaje histórico o científico).

Si no sabes cómo hablarle a ChatGPT, no sabrás cómo escribir para ChatGPT. Necesitarás entender que requiere un rol, una tarea, una cascada de instrucciones escalonadas dentro del *prompt* y unos límites, además de un contexto y ciertas *propinas* para que no alucine.

Adiestrar a tu propio GPT, sea de OpenAI, o las Gems de Google Gemini o los Artefacts de Claude (Anthropic), te permitirá adquirir un conocimiento inverso para posicionar noticias en esos chats, si los chats cuentan con enlaces circunvecinos, como todo apunta a que sí.

La fricción será, por consiguiente, si estás dispuesto a adoptar algo que otras redacciones o bien otros periodistas ya utilizan como complemento de su trabajo.

Actúa como un periodista experto con más de 20 años en la profesión. Quiero que me redactes una noticia de 3.000 palabras sobre… La audiencia a la que va destinada son una cohorte de usuarios… Pídeme la información que necesites. ¿Has entendido lo que te pido? Te daré una propina de 20 dólares si lo haces bien.

No podemos dejar nuestro trabajo en manos de ingenieros, que saben cómo programar una IA para que realice nuestro trabajo.

Tu trabajo. Tu trabajo como periodista era publicar una noticia en la maqueta de un periódico. Luego te dijeron que fueras multimedia, que abrieras un blog, un perfil de Twitter, otro de Facebook. Que probaras grabar vídeos para YouTube, que hicieras gárgaras para que tu voz sonara bien en un podcast o que fueras gracioso y bailaras las *breaking news* en Tik Tok. Pasado mañana, antes de que te digan que escribas también para ChatGPT, desde arriba te ordenarán que te conviertas en un *entrenador Pokemon*. Que entrenes a tu propio ChatGPT para entender sus tripas y hackearlo cuando popularice su propio buscador (SearchGPT) para posicionar noticias allí (o en Google AI Overviews o en Perplexity o en Copilot de Bing).

Muchos medios ya están experimentando en esa liga de entrenar sus propios bots con noticias —*Financial Times*, por ejemplo— para entender, primero, cómo funciona el *bot* y, segundo, para ver qué le preguntan sus lectores al *bot*, en un círculo virtuoso de conocimiento muy valioso editorialmente. Porque lo que viene ya no es un ecosistema de noticias cuyas audiencias se disparan desde un *buscador*; me temo que llegarán desde un *conversador*. Lo que hoy detestas, que es escribir para SEO (*Search Engine Optimization*), mutará; y deberás aprender a redactar no para un motor de búsqueda, sino para un motor de *respuestas*.

Anota en tu calendario de 2025 este otro término: AEO o *Answer Engine Optimization*. La navegación en toda la internet evolucionará desde un listado de enlaces (con o sin noticias) hacia una conversación con un *chatgpt* empujando por debajo del pliegue todos esos enlaces sobrantes. El SEO -el AEO- no morirá, pero sí el primer clic. Con todo lo que ello supone para el calendario editorial de un medio cuando está fundamentado en las audiencias masivas.

Las noticias sobre remedios de mosquitos las responderán los *chatgpts*; los periodistas, la explicación de cómo el mosquito tigre (*Aedes albopictus*) migra de África a Europa por el cambio climático y con sus correspondientes consecuencias sanitarias. Tendrás que escribir para el segundo clic, ese segundo clic que responda a una supuesta inquietud del usuario, que renuncia al primero, porque una IA –ChatGPT o *bot* similar sobre las búsquedas– ya se lo ha dado regurgitado.

Perplexity, por ejemplo, es un motor de respuestas que busca en internet la mejor posibilidad indexada y te responde con un resumen sintético de varias, al lado de las cuales te añade un número finito de *links* como fuentes de consulta. Ese diseño de Perplexity es el que adoptó Google, con Google AI Overviews, antes llamado Google SGE –ahora en Estados Unidos, México, Brasil, Reino Unido, Japón, Indonesia e India–. Así, AI Overviews está ya en los países más poblados del mundo, en un *test* controlado, para ubicar sobre los enlaces del viejo Google este otro nuevo Google, y para mil millones de usuarios.

Conversar con un buscador será el estándar para todas las tecnológicas, desde ChatGPT al navegador Bing con Copilot. Y cuando éstas escalen dicho estándar lo monetizarán con la publicidad, que es de lo que viven los medios de comunicación. A lo que estamos asistiendo es a la apertura de *otra ventana de navegación* (y publicitaria), más allá de la distopía que representa que una máquina *hable* o *trabaje* casi como nosotros.

Los hipervínculos ya no serán los escalones por los que saltar, clic, clac, clic, clac, hacia el conocimiento (la respuesta).

"No quiero escribir para ChatGPT". De acuerdo, es una opción. Hoy escribes para Google; pero ChatGPT quiere ser Google y ya tiene en fase de prototipo su propio buscador, SearchGPT. No sólo hablaremos con *él*. Publicaremos para *él*.

La inteligencia artificial, la que ahora conversa contigo, ya existía. No te hablaba, porque rodaba bajo el capó de las tecnológicas para las que hoy te niegas escribir, como has hecho desde hace 30 años.

Esas inteligencias artificiales mecían la cuna de unos algoritmos que, primero, se quedaron con nuestros lectores, luego con los anunciantes que pagaban las nóminas (la publicidad), y ahora libran -entre ellas- la batalla algorítmica *de la atención*, en un curioso Juego de Tronos. Esta batalla de la atención está dentro de la trinchera del entretenimiento, no en el erial de la información. Cada vez que publicamos una noticia en internet, de promedio, un usuario la abandona en 27 segundos.

Y esta fórmula de consumir contenido (o noticias) bajo un nuevo paradigma, que son los resúmenes generativos de cualquier *chatgpt,* sea el que sea, aumentará aún más dicha velocidad de abandono. Esa guerra la tendremos perdida. Antes y después de la IA. Negarse a escribir para *las máquinas* no mejorará *tu* postguerra.

Llegué a Madrid en 1998, cuando trabajar como periodista era posible si te contrataba un medio digital, porque solo en la Nueva Economía había sitio. Entonces, a los *chicos de internet*, a los que íbamos en zapatillas de deporte a las ruedas de prensa de la banca, nos dijeron que escribiéramos cortito, que aquí nadie leía textos largos como los del papel. "Esto es internet, párrafos de dos líneas y noticias de cuatro párrafos. La pantalla cansa".

Eran unos años en que los móviles ni siquiera cabían en el bolsillo trasero de tu pantalón de lo grande que eran, y cada vez que te conectabas a internet el *router* arrancaba con borboteos de ciclomotor.

Acabé luego aprendiendo el oficio en una agencia de noticias. Allí, para la *máquina* de teletipos, me dijeron que no escribiera ni con adjetivos ni con subjetividad.

Cuando quise regresar a internet con lo aprendido, estalló la burbuja punto com. Me tuve que reubicar en un suplemento de vivienda de un periódico impreso. El pinchazo de la burbuja del ladrillo era inminente.

Allí, de nuevo, me ordenaron que escribiera *para el papel* -la máquina era una rotativa-, es decir, directo, al grano y con un enfoque personal que debía superar muchas veces los límites de lo subjetivo; pero nunca el de las tres columnas de la maqueta.

Terminé aquel periplo y nació Twitter, antes del *boom* de Facebook. Twitter, hoy X, nos dijeron, era la mejor máquina para aprender a titular porque nuestros mensajes sociales tenían un límite de 140 caracteres. Escribimos gratis dos líneas para Twitter, mientras nos pagaban por explicar la realidad en noticias de largo aliento (internet ya permitía, en su nuevo hábito de *scroll* en el móvil, los textos largos de la Vieja Economía). La máquina del pájaro azul era necesaria para los periodistas en 2008. En Twitter se libraban las revoluciones, y si no estabas ahí, no eras nadie.

Facebook lo vio, y empezó a regalar tráfico a raudales a los medios. Desde 2010 a 2017, la red social de Mark Zuckerberg se convirtió en la principal fuente de audiencia de la prensa. Y otra vez, nos dijeron cómo escribir noticias, en este caso para Facebook. Yo lo hice, y creo que muy bien, como cualquiera de la época del alzamiento y caída del periodismo de algoritmo. Buzzfeed en EE UU y Playground en España marcaron las reglas, no obstante. El algoritmo de Facebook potenciaba la polarización y el *clickbait*.

De una noticias debías omitir parte de lo que era noticia y el titular tenía que terminar con la coletilla "y esto es lo que pasó", entre paréntesis, por supuesto.

La fiesta de drogas, sexo y rocanrol que era Facebook se terminó, pero no lo supimos hasta un año después del gran apagón, que fue en 2017, pero su fundador lo oficializó un año después, en 2018.

Mark Zuckerberg ya no quería noticias porque tenía 3.000 millones de usuarios y muchísimos anunciantes. Su algoritmo, que antes bajaba al barro del festival de Woodstock, lo había convertido en Facebooklandia. Para el nuevo Facebook, tuvimos que escribir noticias felices, nada controvertido, nada de *clickbait*; pero ni por esas.

El medio estadounidense *Slate* publicaba un gráfico icónico: en un mes, el tráfico de Facebook se había desplomado el 80%.

Entonces, la prensa cambió un algoritmo por otro, quizás más estable. Reaprendimos a escribir para Google, con noticias con titulares de dos palabras, dos puntos: *horarios, dónde ver, precios*.

El lenguaje para las máquinas regresaba con fuerza a las redacciones, pero con un matiz. Habíamos sufrido cómo funciona un algoritmo, que primero se lanza, se escala, y cuando se monetiza te deja tirado (todos evolucionan así, incluso el que llegue con los buscadores de la IA conversacional). Sin embargo, Google, silenciosamente, lanzó en 2018 Discover, que era su propio Facebook. Y vuelta a empezar.

"No voy a escribir para Discover". Y acabas escribiendo para Discover. Y para las metadescripciones de Google Search, que más bien parecen textos para un telegrama, escupido por un telégrafo, artefacto del que hablaremos al final.

(Es curioso, porque *la gran máquina*, que no es otra que Google, tiene unas directrices ahora en su algoritmo que dictan que hay que escribir "para las personas", pese a que lleva más de veinte años elevando el lenguaje SEO en su motor de búsqueda).

En esa estábamos todos, en una segunda era de periodismo de algoritmo, *clickbait* y entretenimiento, cuando en noviembre de 2023 nos presentaron a ChatGPT.

La tecnología generativa de OpenAI no es una moda pasajera. Al contrario. ChatGPT es la primera *cosa* que logra escalar los 100 millones de usuarios en un solo mes (enero de 2024).

Ni Tik Tok, ni Instagram ni siquiera WhatsApp lograron este hito. La IA, si nos fiamos de ese dato, no es Clubhouse, aquella *app* para iPhone que todos debíamos bajarnos porque las salas de audio eran el futuro social.

No. Todas, absolutamente todas las empresas de IA, OpenAI, Perplexity, Copilot (Bing, Microsoft) buscan convertirse más allá de un simple *bot* en el nuevo Google, aunque saben que no lo podrán ser con todas las letras.

Sin embargo, morderle a Google un pellizco de los más de 175.000 millones de dólares que gana con la publicidad de su motor de búsqueda es un mordisco interesante. La cuestión es cómo quieren dar esta dentellada.

Como Facebook, Google ofreció a la prensa mucha audiencia a cambio de poder indexar su contenido gratis.

OpenAI, sin embargo, aprendió de Google que, si dividía a los editores, podía negociar a la baja acuerdos uno a uno, frente a la amenaza de juicios por derechos de autor o la utopía de un gran *canon ChatGPT* global.

De esta manera, la empresa de Sam Altman se asegura dos salvaguardas. Entrenaría a ChatGPT con contenido fiable y respetable para luego poder poner anuncios a su alrededor; y, lo más importante, parapeta una cascada de demandas ante el hecho de usar las noticias ajenas para entrenar con la actualidad en tiempo real a su IA.

Así, OpenAI ha ido firmando en este 2024 acuerdos por país e idioma en unos contratos comerciales en los que promete posicionar las noticias de esos grupos mediáticos frente a otros en enlaces prioritarios en las fuentes citadas de su nuevo buscador, SearchGPT.

El Grupo Prisa (España), Le Monde (Francia), Alex Springer (Alemania), Financial Times (Reino Unido), News Corp (Australia) y muchos otros grandes *players* en Estados Unidos y resto de mercados sajones, como Time, Condé Nast, Associated Press, entre otros, ya sellaron esos contratos.

"No quiero escribir para AI Overviews".

"No quiero redactar para ChatGPT".

"Ni hablar, me niego a adaptarme al método Perplexity".

Contaba en una publicación en su blog el CEO de WordFence, Mark Mauder, que en toda disrupción digital "la prensa echa espuma por la boca" y pasa por las mismas fases de negación, difusión de las amenazas que suponen las tecnologías y resto de anecdotario que le distrae de lo verdaderamente importante.

"El dinosaurio todavía estaba ahí", como escribía el escritor Augusto Monterroso. ¿Ahí, dónde?

La inteligencia artificial –lo que propone– no es más que otra ventana más en la que colocar contenido para llegar a unos lectores que antes bajaban al quiosco a comprar un soporte para leer noticias (periódicos).

Ese acto de los domingos ya lo tienen todos los días en su bolsillo, a través del móvil. El lector ya no va a por las noticias; deben ser las noticias las que vayan a por los lectores.

"No quiero escribir para ChatGPT". Insisto, es una opción. La otra es adiestrarnos para usar la IA, no como un sustituto de nosotros mismos, sino como un copiloto. Yo, personalmente, la uso igual que cuando tecleo en una calculadora, despliego una hoja de cálculo, enciendo una grabadora, escribo en un portátil o retrato con la cámara de fotos de un móvil. No queríamos tener Twitter, Facebook o Linkedin; pero tuvimos que tenerlos porque nuestros lectores estaban ahí, como el dinosaurio de Monterroso.

"No quiero escribir para ChatGPT". De acuerdo, porque mi idea no es hacerte cambiar de opinión. Piensa, sin embargo, en esto. Tu negativa es una falsa fricción.

Hoy escribes bajo un método de redacción que lleva en el ADN del periodismo más de un siglo. Los teóricos lo llaman pirámide invertida. Redactamos el qué, el quién, el cómo, el dónde y el por qué. Titulamos, desarrollamos en una entradilla y ampliamos en el cuerpo del texto escalonadamente, hasta donde nos limita el planillo, el tiempo de entrega o la inmediatez en su publicación.

En un acto inconsciente, pese a que internet ya no es una maqueta de periódico impreso; sintetizamos y le decimos al lector, *esto es lo importante*, porque te lo he jerarquizado yo, así, de arriba a abajo, mediante este método.

Este esquema de redacción nació, no lo olvidemos, por la necesidad de transmitir las crónicas de la Guerra Civil de Estados Unidos, entre 1861 y 1865, cuando los reporteros se enfrentaban a líneas de telégrafo que podían cortarse en cualquier momento.

El invento de Samuel Morse les permitía enviar telegráficamente sus crónicas de la contienda, si escribían así, con lo relevante arriba y lo menos importante en el vértice de esa pirámide (invertida), por si acaso.

Aquel sistema de redacción, para aquella *máquina* llamada telégrafo, rompió con la narración cronológica previa de contar noticias, que ya estaba condicionada por otra *máquina* creada por Johannes Gutenberg llamada imprenta (1450).

De oca en oca, los periodistas llevamos escribiendo para *las máquinas* así desde entonces, aunque de manera estandarizada en pirámide invertida desde que la agencia Associated Press publicó su manual de estilo en 1953.

Hacemos las mismas preguntas siempre; y puede que nos cambien las respuestas (y las máquinas); pero aquí seguimos: escribimos hoy para Google como antes escribían otros para el telégrafo.

"No quiero escribir para ChatGPT". No te preocupes. En la próxima década, el gran valor de nuestro oficio será un *disclaimer* bajo cada reportaje.

De la denominación de origen de lo manufacturado por robots (*Made in* China, Taiwán o Detroit), se saltará a una distopía, con el siguiente sello de humanidad: "Escrito por una persona".

Cómo la IA cambia
a los periodistas

Mario Vidal

Si hace diez años me hubiesen dicho que la mayor parte de mis funciones como editor web se acabarían automatizando en tan poco tiempo con inteligencia artificial, no lo hubiera creído. Voy a ser sincero: me habría parecido una utopía futurista a la par que preocupante para la parvedad de mi nómina de recién graduado.

Llegué a la redacción del periódico *Ideal*, en Granada, en junio de 2014. Y aunque había un fuerte compromiso de mis compañeros periodistas por contribuir a la web, "internet" –como nos llamaban– seguía siendo una sección independiente, algo desconectada de la dinámica de la redacción y a rebufo de la edición impresa. Cada madrugada, los de "internet" volcábamos manualmente los textos del papel, esperábamos a que la rotativa hubiese arrancado y publicábamos una actualización de la portada digital algo descafeinada, preservando la sustancia y los mejores artículos para los fieles lectores del kiosco.

Hoy prácticamente todas mis funciones en el turno de cierre están obsoletas porque afortunadamente las redacciones ya son digitales; los propios periodistas editan sus artículos para la web

Mario Vidal es periodista. Jefe de innovación en *El Español*. Profesor de redes sociales y periodismo multimedia en el Master de Periodismo de la Universidad Camilo José Cela y *El Español*.

y esta tiene prioridad en la publicación con respecto a la edición impresa.

Estoy convencido de que si esas tareas todavía tuviesen sentido, se podrían desarrollar con procesos automáticos utilizando patrones basados en inteligencia artificial. ¿Qué hubiese dicho aquel graduado en Periodismo de 23 años si en cuestión de meses todas sus funciones hubiesen sido sustituidas por una tecnología desconocida? Una tecnología que, para mayor escarnio, cumple con su cometido en escasos segundos, sin entender de horarios, vacaciones o retribuciones.

Sin duda comprendo que esas reservas estén ahora en los pensamientos de mis compañeros. Creo que la expansión de la inteligencia artificial está suponiendo ya una mejora de la eficiencia en los procesos de trabajo y eso pone en riesgo puestos laborales. Al mismo tiempo, la IA se utiliza en las redacciones como complemento para la generación de artículos; lo que supone una nueva amenaza para aquellos redactores especializados, por ejemplo, en el contenido *evergreen*.

Y por si fuera poco, estoy convencido de que la inteligencia artificial va a incorporar un cambio radical en el propio consumo de contenidos que va a afectar a todos los usuarios. Este es probablemente el punto más importante. La transformación de la forma de consumo no interfiere únicamente en la eficiencia de los procesos y algunas posiciones determinadas de la redacción, sino que va a involucrar a toda la cadena productiva de la redacción, la distribución y al propio negocio de los medios de comunicación.

Adaptarnos antes y mejor

¿Qué podemos hacer ante esta situación? Tenemos la necesidad de adaptarnos antes y mejor que el resto. El cambio se va a producir con o sin nuestra ayuda. Y nos afectará en mayor o menor medida dependiendo de en qué lado nos situemos.

Fíjate. En 2014 escuché en la redacción a algún compañero que se preguntaba "¿Cuándo se va a acabar la moda de internet?". Por aquel entonces, era más que evidente que internet no sería una moda pasajera y no tenía mucho sentido oponerse a su expansión. Sin embargo, su desacuerdo con lo digital era más que comprensible. Cuando solo estaba el papel, el redactor cerraba su página y se podía marchar a casa. Además, sabía a qué hora se cerraba la edición por lo que lo único importante era que tuviera su texto terminado. Para nada importaba a qué hora había llegado a la redacción o cuándo empezaba a mover su tema. El producto final no se veía alterado y el periódico estaba a las 7 de la mañana en el kiosco.

No obstante, con la edición digital esos protocolos de trabajo habían caducado. Aunque la actualización de la web no era constante como lo es ahora, la edición no cerraba como tal. Si el redactor cubría un suceso por la mañana, debía mandar una actualización para la web antes de empezar con la edición de papel. Y esa actualización se requería cuanto antes y lo más completa posible. La "moda de internet" le había hecho cambiar sus rutinas de trabajo, sus ritmos y su horario. Sacó al periodista de su zona de confort en la que llevaba años, y le obligó a utilizar una tecnología que no dominaba y que tampoco entendía.

"La moda de la IA"

Volvamos ahora a 2024. Podría quedar algún iluso que desee que se acabe "la moda de la inteligencia artificial", pero no va a ocurrir. En mayor o menor medida, convivimos ya con la IA. Voy a ser sincero: ya he coincidido con algún compañero con muchas reservas a utilizar inteligencia artificial para su trabajo porque teme que esta tecnología sustituya a los periodistas. Esas reservas se suelen argumentar con una firme defensa de la calidad y los valores del oficio ante el riesgo de que "la IA acabe matando al periodismo".

Pero, en el fondo, creo que existe un gran desconocimiento de cómo la inteligencia artificial se puede implementar en las redacciones (y en otras áreas del negocio) para crear procesos más eficientes. Y el origen de ese desconocimiento, de esa desconfianza, no es solo responsabilidad del periodista, sino también de las propias compañías editoras que todavía carecen de un plan a futuro con la solidez conveniente como para trasladarlo al resto de la plantilla.

Es imprescindible realizar una labor de concienciación sobre la importancia de este cambio, sobre todo, para los perfiles más reticentes. Pero, al mismo tiempo, será vital ofrecer una formación constante a la redacción sobre los cambios que afectan a su forma de trabajo y al producto final. Tenemos que estar seguros de que esta tecnología va a mejorar los procesos y los contenidos antes de que ruede con soltura por nuestras redacciones sin el mínimo control.

Aunque nos cueste reconocerlo, las empresas editoras llevan años utilizando inteligencia artificial para algunos de sus procesos. Sin embargo, nunca hasta ahora se había producido un crecimiento en cuanto al uso y a la calidad del resultado final tan relevante, profundo y repentino como para plantearnos una reflexión sobre el camino que debemos emprender.

La nueva IA

El gran cambio de la inteligencia artificial de los últimos meses está relacionado con el avance en la tecnología generativa. Antes de este salto sin precedentes, algunos equipos de la redacción ya empleaban inteligencia artificial en determinados procesos para mejorar la eficiencia aunque sin ese componente de creatividad.

Por ejemplo, los equipos de suscripciones estudiaban la propensión al pago de los usuarios basándose en sus patrones de lectura y asimilando que ante una conducta similar a la que ha tenido un usuario suscriptor, el anónimo o registrado puede pasar a serlo también.

Los editores de redes sociales tenían a su disposición herramientas con una base de inteligencia artificial capaces de reprogramar los contenidos de redes sociales utilizando, de nuevo, patrones estudiados con anterioridad. Por ejemplo, reservando los contenidos más virales para las horas de máxima conexión a determinadas redes sociales como Facebook; o lanzando publicaciones en Twitter cuyas palabras clave coincidan con los *trending topics* del momento o con temáticas que a ese medio concreto le dispararon la audiencia en periodos anteriores.

Como ves, la inteligencia artificial ya nos estaba ayudando antes de su última revolución a mejorar los procesos. Con la irrupción y mejora de la IA generativa, seguiremos comprobando cómo esos procesos periodísticos mejoran. Y lo harán hasta el punto de considerar a la inteligencia artificial como un copiloto, que nos ayuda desde el inicio de la carrera y hasta que crucemos la línea de meta.

Documentación

En esa línea de salida, antes de que el semáforo se ponga en verde, un periodista suele necesitar información contextual, documentación relativa al contenido sobre el que tiene que producir un nuevo artículo. Y este proceso de documentación es incluso previo al contacto con las fuentes o la realización de entrevistas. En este aspecto, ya encontramos soluciones con inteligencia artificial capaces de recabar la información existente sobre una temática, ordenarla de forma cronológica, acotar las fuentes de acceso al propio medio de comunicación, a la hemeroteca de los competidores o incluso a portales oficiales.

Para este trabajo previo, el periodista puede recibir directamente un listado de enlaces con artículos, reportajes y libros relativos al tema, o más sencillo: un resumen ejecutivo que le ayude a tener a mano todos los datos necesarios.

Por ejemplo, podríamos requerir ayuda de nuestro copiloto IA para solicitarle un resumen del origen y acontecimientos más importantes en la historia del conflicto entre Israel y Palestina, o un listado de los ataques que se hayan producido en los últimos diez años destacando la gravedad de cada uno de ellos dependiendo de las consecuencias derivadas.

Este sencillo ejercicio se puede llevar a cabo hoy mismo desde la página de inicio del propio ChatGPT, por nombrar una herramienta concreta, pero ¿no ayudaría más al periodista que ese servicio de copiloto estuviese integrado centro del propio sistema de gestión de contenidos (CMS) de su medio de comunicación? De esta forma podría incorporar esos datos a su artículo de forma más rápida o incluso compartirlos con otros compañeros que estuviesen trabajando en la misma información.

De esta primera aplicación podemos intuir un riesgo claro e inmediato para los puestos de trabajo de los ya mermados servicios de documentación de los medios de comunicación. Un departamento que, por otra parte, es inexistente en muchas editoras de nueva creación puramente nativas digitales.

Al mismo tiempo, se genera una oportunidad para los equipos de producto y tecnología de las compañías y también para aquellas empresas proveedoras de servicios tecnológicos que ofrecen su *software* en línea (SaaS) para la edición y publicación de artículos.

El proceso de documentación existía antes de la IA y, como vemos, sigue existiendo con ella. Dependerá de los periodistas y de sus empresas decidir hasta qué grado se implicarán en esta nueva transformación del periodismo digital al periodismo IA. Si desde hace ya más de diez años carece de sentido añadir el apellido digital al nombre propio de periodismo, quizá dentro de un tiempo ocurra lo mismo con el apellido IA, pues todo el periodismo tendrá un componente de inteligencia artificial; como todo el periodismo actual tiene una base digital.

Transcripción

Quizá uno de los trabajos más tediosos del periodista es el de la transcripción literal de las entrevistas que ha realizado, bien para publicarlas en ese formato, bien para utilizar los datos y el contexto como parte o apoyo de un gran reportaje.

Para ello, también se emplean ya en muchas salas de redacción sistemas con inteligencia artificial capaces de transcribir audio. Pero no solo permiten reconocer la literalidad de lo grabado en audio para transformarlo en texto, también identificar al entrevistado y al entrevistador, obviar las repeticiones de palabras o los errores gramaticales tan habituales en una conversación verbal de carácter informal.

Ninguna entrevista puede ser menos periodística, a ningún reportaje se le puede restar un ápice de calidad por el uso de estos sistemas que generan en segundos el trabajo que un redactor puede hacer en horas. Esas horas dedicadas a la transcripción bien pueden destinarse a la búsqueda de nuevas fuentes o a presentar enfoques más originales para las informaciones.

Audiolectura

Aunque no forme parte de un proceso como tal, el trabajo del audio con inteligencia artificial también puede ser a la inversa. Es decir, generando audio a partir de artículos publicados. Creo que esta alternativa merecía una mención en este punto, puesto que el uso del audio en los medios digitales está cada vez más extendido y los propios usuarios consumen información por canales y formatos muy diversos.

El *text to speech* puede ser un mero servicio de audiolectura de artículos, como el que ya existía antes de la irrupción de la IA generativa, o toda una experiencia premium con la sintetización de las voces de los propios periodistas, lo que aporta un gran valor al usuario. Poder escuchar un artículo con la voz del periodista que lo ha escrito (pero no locutado) quizá no sea una palanca suficiente para activar una suscripción, pero sí es un complemento que añade valor al producto final, y genera satisfacción al usuario hasta el punto de contribuir a la reducción del *churn rate*.

Traducción precisa

No pasemos por alto la importancia de la precisión en el trabajo periodístico. Es muy frecuente que el redactor trabaje con informaciones publicadas originalmente en otros idiomas. No me refiero únicamente al inglés, cuyo dominio por parte de los editores está más que extendido hoy en día, sino también al ruso, ucraniano, hebreo, árabe o chino. Son solo cinco ejemplos de idiomas que, además, utilizan un alfabeto distinto al latino.

¿Cuántos periodistas habrán utilizado las traducciones automáticas de Google para comprender las últimas novedades publicadas en redes sociales y canales de mensajería sobre los conflictos bélicos en Ucrania o Gaza? ¿Cuántos errores de precisión se habrán cometido debido a estas traducciones más imprecisas? En este sentido, algunas inteligencias artificiales, como DeepL, han alcanzado niveles de calidad asombrosos, muy aptos para dar al redactor la confianza necesaria de que está comprendiendo de forma literal lo que se quiso transmitir con la publicación en el idioma original. Esto incluye también expresiones coloquiales, frases hechas o juegos de palabras.

No obstante, la inteligencia artificial no es solo un traductor de calidad. Como habrás intuido, esta traducción se puede convertir en un sencillo proceso, automatizado, constante y bidireccional. Es decir, igual que el periodista puede utilizar la IA para comprender informaciones en otros idiomas, el CMS puede integrar esa tecnología para publicar automáticamente los artículos de un medio de comunicación en tantos idiomas como se desee.

Nuevas audiencias

Esta utilidad de la IA puede ser interesante para las noticias de actualidad, creando ediciones internacionales que puedan tener picos puntuales de tráfico en momentos en los que la actualidad local o nacional despierta un interés global. Pero, al mismo tiempo, también puede suponer una incesante fuente de tráfico de usuarios únicos a los artículos evergreen. En España, por ejemplo, el turismo es el principal motor económico. Millones de personas visitan el país y realizan búsquedas en internet en sus idiomas de origen: ¿qué ver en Valencia? ¿Por qué se celebra San Fermín? ¿Dónde comer la mejor tortilla de patatas?

¿Te parece una locura? Piénsalo. Todos ellos son títulos de artículos *evergreen* que publicamos cada día los medios. En este caso, ni siquiera se trata de contenido nuevo creado específicamente para publicarse en otro idioma. Es una traducción, directa, automática y sin coste añadido de lo que ya se está publicado con el objetivo de asegurar una base de clics constante y diaria.

Estudiantes de instituto y universidad están utilizando ChatGPT para hacer sus trabajos. Pero esto ya lo sabes. Mientras unos han optado por delegar por completo a la IA la redacción de la tarea, otros estudiantes, con un grado superior de creatividad y uno menor de holgazanería, también han usado la IA como apoyo, reduciendo así el riesgo de ser detectados. Por ejemplo, en lugar de suplicar a la IA que les escriba un ensayo sobre *Cien años de soledad* para entregarlo directamente al profesor, han optado por pedir un resumen de la obra de García Márquez para escribir ellos mismos el ensayo. En este caso concreto, la IA no es buena o mala. Depende del uso que hagamos de ella.

Sumarización

La capacidad de síntesis de estas inteligencias artificiales ha mejorado mucho en los últimos meses. La sumarización es otra de las vertientes que se aplican ya al negocio periodístico con muchas variables. Verás a periodistas que utilizan IA para resumir textos largos con el objetivo de documentarse, pero también puede aplicarse para sintetizar varias noticias sobre la misma temática con el objetivo de crear un texto base. Muy útil cuando debes publicar una noticia de última hora y no tienes demasiada información nueva.

Uno de los puntos más interesantes es que estos resúmenes pueden ser de 2.000 palabras o de 200, dependiendo de la información previa que exista o del uso que el redactor le vaya a dar a ese resumen.

Newsletters

Otra de las aplicaciones relevantes de la sumarización es la creación con inteligencia artificial de nuevos productos periodísticos a partir de artículos periodísticos originales.

Me explico. Al igual que hemos utilizado la IA para reescribir de forma resumida varias informaciones sobre la misma temática, podemos emplearla para editar un producto periodístico como una *newsletter* exprés con los temas principales de la jornada.

Edición

Mira, una de las tareas que más detestaba de mi etapa como redactor digital era editar un texto que ya estaba terminado. Añadir negritas, ladillos, enlaces, tags, noticias relacionadas, varias fotografías… Si has trabajado en una redacción digital, sabrás de lo que te hablo. Para ser sincero, no es un trabajo que lleve demasiado tiempo, pero cuando tienes una noticia de última hora entre manos este proceso requiere valiosos minutos, de los que le escasean a un estresado redactor de *breaking news*.

Por supuesto, la delegación de este proceso de edición a una inteligencia artificial requiere, de nuevo, de la integración de la misma con el propio CMS. Otra vez, los equipos de producto y tecnología tienen una buena oportunidad para desarrollarse. Cada paso de ese proceso de edición requiere una orden para la IA. Por ejemplo, identificar las palabras clave del texto, transformar las palabras clave identificadas en negrita, sugerir imágenes o noticias relacionadas dependiendo de los personajes, temáticas o lugares mencionados en el titular y el subtítulo del artículo, etc.

De nuevo, la IA se eleva como una compañera perfecta también en la última etapa del proceso de creación del artículo. Algunos CMS ya integran el modo copiloto no solo para sugerir imágenes, noticias relacionadas o los tags más adecuados, también para proponer diferentes titulares respetando las normas de estilo y el máximo de caracteres establecido.

Narrativas

Además, los equipos de redes sociales pueden utilizar estos avances para mejorar sus capacidades. Si ya habíamos comentado que algunas herramientas reprograman las publicaciones para impactar mejor en la audiencia, otras son capaces de sugerir los textos de los *post* adecuando el lenguaje al tono habitual de las diferentes redes sociales, incorporando emojis, enlaces o varias imágenes, por ejemplo.

Los editores de vídeo también utilizan ya de forma habitual componentes con IA para mejorar sus flujos de trabajo. Y es que desde la extensión de TikTok a nivel global a partir de 2020, y su popular formato de vídeo corto en vertical, todas las redacciones audiovisuales han tenido que transformar sus contenidos. El resto de redes sociales han imitado, con mayor o menor éxito, el formato de *scroll* infinito con vídeos verticales de TikTok. De hecho, algunos medios, como *The Washington Post* o *The New York Times* han incorporado a sus portadas digitales estos formatos de vídeos en vertical.

Te cuento esto para que entiendas cómo, en muy pocos meses, los usuarios han abrazado un formato audiovisual nuevo que se ha popularizado tanto que ha transformado la forma de consumir contenido en redes sociales, pero también en los propios periódicos digitales. Este cambio ha provocado una transformación en los procesos de trabajo de los equipos audiovisuales de los medios que han visto cómo el volumen y el ritmo de publicación de contenidos en vertical se ha incrementado notablemente.

A pesar de ese cambio en la forma de consumo, muchos de los vídeos que se consumirán en vertical se siguen grabando y editando originalmente en horizontal, por lo que se requiere de un trabajo de edición añadido para verticalizar ese archivo. Para ello, muchos equipos audiovisuales han recurrido a la inteligencia artificial con el objetivo de fragmentar vídeos largos en horizontales, obteniendo de forma automática clips de vídeo en vertical que ya incorporan subtítulos, imprescindibles en esta nueva era de consumo audiovisual que, en muchas ocasiones, se lleva a cabo con el teléfono silenciado.

Te puede parecer algo muy simple. Pero si alguna vez has editado un vídeo para redes sociales, sabrás lo laborioso que es conseguir que el vídeo vertical mantenga en el centro de la imagen al personaje que originalmente se movía de un lado a otro en una imagen con proporciones de 16:9. Lo mismo ocurría con los subtítulos, cuyas palabras debían transcribirse una a una y mostrarlas en pantalla justo en el momento en el que iban a ser pronunciadas.

Parece magia: no lo es. De hecho, estoy convencido de que estas aplicaciones tecnológicas mejorarán en los próximos meses. Es posible que cuando leas esto hayan evolucionado tanto que ni siquiera requieran una revisión posterior por parte del editor, que ahora se hace imprescindible. En cualquier caso, la mejora del proceso de trabajo es evidente. El ahorro de costes y recursos es imperioso en estos tiempos en los que el volumen de producción de vídeo ha crecido tanto.

Portadas personalizadas

No quiero concluir este repaso al cambio en los procesos de trabajo que está suponiendo la incorporación de la IA sin hacer mención a su aplicación a las propias portadas de los medios digitales. Todas las compañías cuentan con equipos que gestionan la página de inicio de sus medios, bien con editores dedicados en exclusiva, bien con redactores que cumplen otras funciones y asumen ese rol en momentos puntuales.

La portada es uno de los productos periodísticos más cuidados. Los titulares, las imágenes, la ubicación de las noticias… todos estos elementos reflejados en la portada definen claramente la línea editorial de un periódico, también su identidad visual y su marca propia que crea una diferencia con el resto de competidores. Si bien desde hace algunos años hay medios de comunicación que automatizan la actualización de algunos de los balcones de la portada, las posiciones superiores que componen la apertura suelen editarse siempre manualmente.

En 2024 ya hemos visto experiencias de varios medios del mercado español que han incorporado balcones de contenido personalizado para cada usuario atendiendo a sus intereses de lectura. Esta customización de la experiencia ha sido posible gracias al uso de tecnología IA basada en patrones de comportamiento.

El contenido, la imagen, el titular siguen siendo productos originales del medio de comunicación, pero la decisión de mostrar ese grupo de artículos y no otro a cada usuario se ha tomado de forma automatizada fuera de la redacción. Veremos cómo las posiciones de portada decididas por IA aumentan en cantidad y se escapan de esos balcones delimitados a cuatro o cinco contenidos.

Sé que esta delegación te puede sorprender, a la par que asustar. Pero piensa que en el periodismo siempre se ha buscado una cercanía y una complicidad con el lector. Los periódicos de papel no solo imprimían varias páginas dedicadas a la información local y regional. Noticias exclusivas que se podían leer si se compraba el diario en un kiosco, pero no se si hacía en otro de otra ciudad, por ejemplo. Incluso, se editaban portadas personalizadas para cada una de las ediciones con modificaciones sustanciales del número de noticias, las imágenes y las temáticas.

Piensa que también las radios y las televisiones realizan desconexiones locales para ofrecer información y contenidos más cercanos a sus audiencias. Ya en la era digital hemos publicado especiales interactivos con diferentes rutas informativas dependiendo de las acciones o respuestas que realiza el usuario. En definitiva, la personalización de los contenidos de las portadas no es una novedad. El avance que nos aporta la IA viene en dos sentidos: una customización diferente para cada usuario, y una actualización constante de esos contenidos puesto que no requieren de un editor que tome decisiones cada segundo para los miles de visitantes.

Creación de contenido

Como ya sabes, la inteligencia artificial generativa ha avanzado tanto en los últimos tiempos que es capaz de crear contenido similar al que harían muchos redactores actuales de los periódicos digitales. Sé que esta afirmación es muy controvertida. Deja que te la argumente.

Estoy seguro de que ahora te vienen a la mente mil acciones que una inteligencia artificial no puede llevar a cabo y, por tanto, la inhabilita como sustituta del periodista. Aunque es capaz de escuchar una rueda de prensa, no pude acudir a ella y formar parte del corrillo posterior. Tampoco hacer las preguntas oportunas con sus respectivas repreguntas. Le es imposible llamar a varias fuentes para que confirmen una noticia, realizar una entrevista en profundidad, viajar a los conflictos internacionales para contar las historias humanas que los sufren… En eso estamos de acuerdo.

Coincidirás conmigo en que no todos los contenidos que publica un periódico son noticias de actualidad. Muchos de los artículos, los que suelen sustentar el mayor caudal de tráfico, son publicaciones de servicio público, curiosidades o recomendaciones basadas en opiniones de terceros. Estos artículos que, en ocasiones, carecen de originalidad y que rara vez se catalogarían de primicia sí pueden llevarse a cabo con inteligencia artificial.

Te pongo algunos ejemplos. Podríamos generar un servicio que recogiera automáticamente información sobre el tiempo de cada municipio, el estado de las carreteras de cada región o de las playas de portales oficiales con datos reales y actualizados. Con esos datos procesados, podríamos encargar a la inteligencia artificial que redactara y publicara tantos artículos como consideremos manteniendo una estructura periodística definida por nosotros. De hecho, podríamos incluso añadir una condición para que los textos emplearan un vocabulario variado, con diferentes sinónimos y estructuras semánticas con el objetivo de evitar la canibalización de los contenidos.

Este avance en la generación de contenido sí puede cambiar la estructura y la cantidad de recursos de las redacciones, sobre todo para aquellos puestos de trabajo que se han destinado a redactar artículos carentes de originalidad pero, al mismo tiempo, necesarios para mantener audiencias voluminosas.

Ética periodística

En cualquier caso, esta posibilidad abre un debate ético que los responsables de las compañías editoras deberán abordar y que contiene múltiples aristas. Por ejemplo, ¿cómo advertimos al lector de que ese artículo se ha generado sin supervisión humana? ¿Debe haber una supervisión final antes de la publicación? ¿Quién firma ese artículo, y por tanto es su responsable? ¿La IA, el periódico o el redactor que escribe el *prompt*?

Desde el punto de vista de la autoría, el debate va más allá. ¿A quién corresponden los derechos de autor de una publicación que se ha generado con inteligencia artificial? ¿Al medio que la publica? ¿A la compañía que creó la IA? ¿A los medios con los que se entrenó la IA para escribir de esa manera concreta?

Avances tan trascendentales como el que estamos viviendo con la inteligencia artificial requieren cambios a muchos niveles. Los usuarios han sido los primeros en abrazar la nueva tecnología y relacionarse con ella diariamente. Es mucho más sencillo adoptar los cambios desde el usuario final que transformar de un día para otro estructuras empresariales que hemos heredado durante décadas o cerrar un debate ético que concluya con una legislación acorde a él.

Una de las transformaciones necesarias que las compañías editoras están empezando a llevar a cabo es la integración tecnológica de la IA en las herramientas de uso diario de sus empleados. Esto es imprescindible por dos motivos.

El primero es que estandariza el uso de la tecnología a todos los redactores y editores por igual. Al incorporarla a las herramientas habituales de trabajo, facilita su uso y evita la creación de brechas generacionales o diferentes niveles entre los perfiles: los que usan IA y los que no. Por supuesto, como decía al inicio, es fundamental que exista una labor de formación y concienciación sobre sus riesgos y usos que alcance a todo el personal de la plantilla.

Y el segundo motivo está directamente relacionado con el control. Ahora mismo, cualquier redactor puede terminar de escribir su artículo con IA generativa sin el conocimiento de su supervisor y sin la aprobación de la compañía. Sin embargo, integrando sus aplicaciones en el sistema de gestión de contenidos (CMS) se facilita su uso a través de este canal que puede ser controlado por la empresa editora, supervisado y, por tanto, mejorado cuando así se requiera.

Modelo de negocio

Esto no ha terminado. La transformación de la IA no va a afectar solo al usuario y al periodista a la hora de trabajar. Este cambio va mucho más allá de mejorar procesos y ahorrar unos minutos de trabajo. Este cambio va a modificar el modelo de negocio de muchas compañías editoras que siguen teniendo una gran dependencia de las páginas vistas generadas con tráfico de escasa calidad.

Verás. Antes te contaba que los primeros en adoptar la transformación de la IA han sido los usuarios. Nos encontramos solo en el inicio del camino. Vamos a seguir interactuando más y más con la tecnología de forma muy directa.

Hace más de veinte años que utilizamos diariamente motores de búsqueda para obtener información precisa. Al inicio buscábamos palabras clave relacionadas con nuestra intención con la esperanza de obtener algún resultado que pudiera satisfacer nuestras necesidades. Con el paso del tiempo, comenzamos a preguntar directamente al buscador como si se tratara de un amigo con todos los conocimientos. Y éste nos arroja resultados cada vez más precisos y mejor jerarquizados.

Los medios de comunicación supieron encontrar en ese comportamiento de búsqueda una manera de obtener audiencias masivas, caudales silenciosos de tráfico constante que mantuvieran al alza un volumen de ingresos cada vez más mermado precisamente por la potencia de los buscadores y las redes sociales.

Esta relación entre los medios y los buscadores ha generado una dependencia enorme de los primeros hacia los segundos. Los buscadores necesitaban el contenido indexado de los medios para garantizar resultados fiables a los usuarios. Sin embargo, con la expansión de la inteligencia artificial, el usuario ya no necesita un listado jerarquizado de resultados. Se conforma simplemente con el resultado. Y eso es lo que va a obtener.

De hecho, sabrás que para algunas búsquedas concretas, plataformas como Google ofrecen directamente una *snippet* destacada con el dato muy visible en el listado de respuestas sin que necesites acudir a un artículo concreto para leer toda la información. Este cambio en las páginas de resultados del buscador (SERP) se ha ido ampliando en los últimos años y avanzará mucho más próximamente. Los usuarios nos acostumbraremos a preguntar a la inteligencia artificial y ésta responderá de forma cada vez más precisa.

¿Cuáles son las noticias más importantes de hoy? ¿Qué ha pasado entre Israel y Palestina?

¿Cuáles son los mejores planes para este fin de semana en mi ciudad?

Los cientos de artículos con escaso valor periodístico que los medios digitales publican cada día para garantizar su posicionamiento en Google perderán visibilidad. Servirán para entrenar mejor a estas inteligencias artificiales, pero dejarán de aportar un tráfico voluminoso.

A estas alturas supongo que ya te imaginas cómo el castillo de naipes, que es el modelo de negocio de los medios, se tambaleará: muchos medios dependen demasiado de este tipo de tráfico, que tiene un gran riesgo de desaparecer o verse fuertemente reducido. La caída de estas audiencias voluminosas precederá una pérdida de páginas vista y, por tanto, de impresiones publicitarias, que son las que se traducen en ingresos para las compañías editoras.

Sin embargo, aquellos medios con menor dependencia de los buscadores, con un tráfico más fiel y con un modelo de negocio basado en fuentes de ingresos complementarias (como las suscripciones, los eventos o la tecnología), resistirán con robustez esta nueva transformación a la que nos enfrentamos.

De la misma manera, los redactores especializados, aquellos capaces de obtener informaciones exclusivas, enfoques únicos y presentaciones originales progresarán. Aquellos periodistas que no se resistan, que no piensen en la IA como una moda y acojan su uso como copiloto de trabajo en el día a día mejorarán su productividad y ganarán una importante ventaja en este mercado de empleo tan competido.

Cuando la IA intentó ser el nuevo SEO de la redacción

Clara Soteras

"El contenido es el rey", dijo Bill Gates, el padre de Microsoft, en un ensayo publicado en 1996. Casi tres décadas más tarde, ese lema persiste en silencio en ese cajón de nuestro cerebro que nadie se atreve a abrir, mientras todos aquellos que nos dedicamos a la industria y creación de contenidos digitales confiamos en que esa frase fuera cierta entonces y que, hoy, todavía esté allí.

Lo cierto es que desde que Gates pronunció su famosa frase, el mundo del periodismo, los contenidos digitales y también el marketing han hecho varios triples saltos mortales, pasando de los tiempos en que la publicidad ostentaba el trono a la aparición de los nuevos modelos de suscripción en los medios digitales, hasta lanzarnos (casi al vacío) a generar contenido para aportar un gran volumen de páginas vistas a través de la captación de tráfico en los buscadores (SEO) o, más recientemente, Google Discover, el sub-producto más que conocido ya por los profesionales de audiencias en los medios, y cada día más por los creadores de contenido. Tampoco hay que olvidar la época dorada de redes sociales como

Clara Soteras es directora de SEO y Producto en *El Nacional*. Consultora de SEO y estrategia digital para medios. Profesora asociada en la Universidad Autónoma de Barcelona y de SEO en escuelas de marketing. Forma parte de #MujeresEnSEO y de Google Product Experts.

Facebook y Twitter, mientras seguíamos explorando nuevos formatos audiovisuales y productos para intentar continuar haciendo el mejor periodismo y ofrecer la mejor información posible desde los medios. Y podríamos decir que en 2024 hemos añadido una nueva disciplina, de nivel olímpico, en la que no hay récord establecido todavía, sino un largo camino para recorrer cuyo horizonte, de momento, se hace difícil de dibujar.

Grandes gigantes tecnológicos como OpenAI, Google, Perplexity, Nvidia, Microsoft, entre otros, han hecho tambalear el estadio con un soplo de IA generativa, aire fresco, que seguramente necesitábamos después de una crisis temática, *news avoidance*[1] y apatía de la audiencia con los medios en la era postcovid. Aún así, lo que no ha cambiado es que ese estadio continúa estando lleno. El interés *all day, all night* de la ciudadanía por el consumo de información, entretenimiento, contenido más apetecible o, simplemente, satisfacer su necesidad de información local sobre lo que pasa en su entorno más cercano, sigue existiendo y, por supuesto, los medios tenemos que estar allí para cubrir esa necesidad de la audiencia.

¿Dónde estamos ahora? Los profesionales SEO ante la volatilidad del tráfico de búsqueda

Los profesionales que nos dedicamos al SEO de medios hemos estado durante los últimos años muy seguros de nuestro trabajo, aunque hemos tenido las constantes actualizaciones del algoritmo por parte de Google, las reglas del juego siempre han sido familiares y adaptarse a ellas ha sido más o menos fácil según los recursos y dinámicas de la redacción. Seguramente esta tranquilidad se terminó con el llamado *Helpful Content Update*[2], en

---

[1] Tobitt, C. (2024). News avoidance at record levels as four in ten 'worn out' by news. *Press Gazette*. https://pressgazette.co.uk/media-audience-and-business-data/news-avoidance-at-record-levels-as-four-in-ten-worn-out-by-news/

[2] Ray, L. (2024). Google's Helpful Content Update & Ranking System: What Happened and What Changed in 2024? *Amsive*. https://www.amsive.com/

septiembre de 2023, donde por primera vez en los últimos tiempos vimos verticales de nicho y secciones de grandes periódicos caer drásticamente y perder visibilidad y, consecuentemente, un gran volumen de tráfico. Desde entonces, las estrategias de contenido y el trabajo de audiencias han entrado en una fase continua de prueba y error por la volatilidad de las fuentes de tráfico y el cambio de esas reglas del juego que, ahora, vuelven a hacer tambalear las fichas del tablero.

Y es que antes de seguir profundizando sobre los retos que nos plantea la IA generativa al sector, debemos recordar y poner encima de la mesa unos datos no poco relevantes, que forman parte del *core* de negocio de los medios todavía hoy. Más allá de los productos y paquetes de contenidos, suscripciones y otros formatos, las páginas vistas monetizadas a través de la publicidad y los rankings de audiencia siguen siendo todavía la primera palanca de ingresos para la mayoría de las redacciones. Por este motivo es importante recordar que el tráfico orgánico, es decir, el volumen de usuarios que captan los medios digitales a través del buscador de Google, se sitúa en una horquilla entre el 30 y el 50 %[3]. De esta manera, el trabajo que hay detrás para conseguir mantener, y a ser posible ampliar, esa cifra, la de los usuarios únicos, y la de las páginas vistas a través de este canal, centra gran parte de la atención de los profesionales que trabajan en los equipos de estrategia de los *publishers*.

A este canal (y porcentaje) todavía hay que sumarle todo ese tráfico (demasiado desconocido y poco "trackeable") que proviene

---

insights/seo/googles-helpful-content-update-ranking-system-what-happened-and-what-changed-in-2024/

[3] Aunque no hay datos oficiales publicados, estos porcentajes son los habituales entre los medios que se encuentran en las primeras posiciones del ranking GfK, el medidor oficial en España. Este dato coincide también con el publicado por Jessie Willms y Shelby Blackley, editoras SEO en dos medios de EEUU, en relación a los medios estadounidenses, situando la horquilla entre el 30 y el 40 % en Blackley, S. y Willms, J. (2022). What's next for news SEO? 2023 predictions. *WTF is SEO?* https://www.seoforjournalism.com/p/whats-next-for-news-seo-2023-predictions

de Google Discover[4] y que está soportando ese volumen de páginas vistas que se han perdido en otros canales, como las redes sociales. Google Discover es ese subproducto de Google que tiene una apariencia similar a un *feed* de una red social. Nos sugiere contenido según lo que registra de nuestra actividad en el dispositivo móvil. Conoce nuestros gustos, qué publicaciones leemos, qué temas consumimos, qué vídeos miramos e, incluso, nuestra ubicación para ofrecernos información relevante para nuestra persona. El tráfico que proviene de este canal no es menor, puede llegar a representar un 50 % o más del tráfico global de una web en algunas ocasiones y para algunos momentos del año y temáticas de contenido. Y si estáis pensando en investigar más sobre este porcentaje, no os esméreis. Este dato no lo encontraréis publicado en ningún sitio, y es algo que los equipos de audiencia de los medios guardan casi bajo llave, porque supone exponer claramente dónde está el negocio y cómo de importante es esa palanca para la consecución de los ingresos a través de la publicidad programática en el medio de comunicación.

Eso sí, disponemos de un indicador claro que comparten distintas plataformas y herramientas del mercado para entender la ascendencia de este canal. Según datos de 4.500 *publishers* facilitados por Chartbeat en agosto de 2024, el porcentaje de Discover supera el 22 % a nivel global, mientras que el de Google Search, el buscador que todos conocemos, no llega al 11 %. De hecho, cabe tener en cuenta que esta diferencia todavía se agranda más en países donde el uso de Android está más extendido que el de iOS (puedes ver la distribución de la cuota de mercado actualizada en Statcounter[5]), ya que Google Discover forma parte del buscador integrado del primer sistema operativo mencionado. Por esta razón,

4 Soteras, C. (2024). Boost your traffic in Google Discover. *Moz.* https://moz.com/blog/boost-traffic-google-discover

5 Mobile Operating system market share worldwide | StatCounter Global Stats. StatCounter Global Stats. (2024) https://gs.statcounter.com/os-market-share/mobile/worldwide/#monthly-202405-202407-map

y según los mismos datos, España es el cuarto país en el ranking con más porcentaje de tráfico en los medios a través de Google Discover (32,4 % con datos de agosto 2024). Estos datos no nos dan volúmenes de visitas y usuarios, pero sí nos permiten comparar y evaluar con la misma balanza qué relevancia tienen como fuentes de tráfico para ejecutar futuras estrategias.

Según un estudio reciente de NewzDash[6], otra plataforma de seguimiento de las últimas novedades de Google que inciden directamente en los medios y que cuenta con una herramienta de análisis de Google Discover, que compartió en agosto de 2024, se había producido un cambio de tendencia en los canales de tráfico relacionados con la optimización en buscadores (SEO). A través de un análisis de más de 8.100 millones de clics en centenares de medios, de 2023 a 2024 Google Discover ha aumentado su proporción de tráfico respecto a *search* un 14 %, situándose en un 55,6 %, mientras que la parte del buscador, lo que todos asociamos a la búsqueda web, ha perdido casi un 10 %, representando un 36 % en esa balanza. Ese cambio de tendencia también se está confirmando a través de los equipos de audiencias de los distintos medios de Estados Unidos, uno de los pocos países que todavía salvaguardaba su buen *performance* SEO a través de *search* por la alta cuota de mercado de los dispositivos móviles con el sistema operativo iOS. *"We, along with many other publishers, have seen a shift in the referral source for their Google Traffic from Search to Discover, which is even more concerning than AI Overviews"*, compartía Veronica de Souza, directora digital de noticias y audiencia en New York Public Radio[7].

Ya hacía tiempo que la volatilidad en las fuentes de tráfico, no solamente en Google Discover sino también en Google Search,

6 Shehata, J. (2024) News SEO Digest's latest updates: Google's antitrust fallout & major shift in traffic distribution for news publishers!!. *NewzDash*. https://www.newzdash.com/news/news-seo-digests-latest-updates-aug-152024-googles-antitrust-fallout-major-shift-traffic

7 Deck, A. (2024) Here's how 7 news audience directors are thinking about Google's AI Overviews. *Nieman Lab*. https://www.niemanlab.org/2024/08/how-7-news-au-dience-directors-are-thinking-about-responding-to-googles-ai-overviews/

hacía pensar a los responsables de medios que algo iba a volver a cambiar. Lo volvimos a ver (y a tener que entender) cuando Reddit resurgió cual ave fénix para llegar a las primeras posiciones en muchas de las preguntas y temas de búsqueda de los usuarios, volando en menos de un año (julio de 2023 - abril de 2024) de la página dos, tres o incluso más, *a top 1*, con un incremento de la visibilidad del 1.328 %, según la herramienta de monitorización de esta métrica SEO, Sistrix, recogida en un estudio de la agencia Amsive[8]. El contenido del usuario generado en foros y similares, donde representa que aporta su experiencia y opinión real respecto de un producto o un servicio, toma hoy más importancia que nunca.

Y es que aunque la gran tecnológica defienda la importancia del contenido de calidad, reajustando su algoritmo, lo cierto es que los últimos cambios no han facilitado el crecimiento del tráfico a los *publishers* y todavía sigue siendo demasiado necesario conservar el volumen de páginas vistas que consiguen los contenidos más *soft* de temáticas como deportes, entretenimiento, corazón, estilo de vida… Porque la audiencia, como ya hemos dicho, está saturada de las noticias *hard*. En este punto de saturación de los usuarios y de crisis creativa de los equipos de estrategia, aparece la IA generativa. Es momento de empezar una nueva partida, con nuevas reglas y, por supuesto, nuevos jugadores.

Bloquear o abrazar la IA: primer reto de los medios en la nueva etapa

De la misma forma que está sucediendo en la sociedad, en los medios también se han creado, podríamos decir, dos bandos o dos formas de entender la IA. Entre las conversaciones que podemos tener con colegas y amigos sobre el tema, hay quienes se aproximan a ella con una visión positiva, abrazando las nuevas oportunidades

---

[8] Gituto, S. (2024. *Reddit's SEO Growth: A Deep Dive into Reddit's Recent Surge in SEO Visibility*. Amsive. https://www.amsive.com/insights/seo/reddits-seo-growth-a-deep-dive-into-reddits-recent-surge-in-seo-visibility/

que puede aportar con su incorporación en el trabajo o en las posibilidades para mejorar algunas tareas de la vida cotidiana, y hay quienes la observan desde la distancia, con temor y un pensamiento crítico, alegando poco control, mostrando su preocupación ante la posible pérdida de puestos de trabajo que puedan ser sustituidos por la IA.

En los medios, además, se abre el debate ético y los derechos de propiedad intelectual que deben tener los periodistas, los medios y, en definitiva, todos los creadores de contenido. Y es que esas dos posiciones y aproximaciones a la IA generativa y a sus nuevos actores, esas empresas que utilizan la información que hay en internet para entrenar sus modelos de lenguaje y dar una mejor respuesta a los usuarios, son muy claras: ¿bloqueamos el acceso de los *bots* a nuestro contenido? Esa es la pregunta que empezó a hacerse en las distintas salas de redacción en 2023, cuando todavía no sabíamos lo que nos venía por delante ni a qué velocidad en los siguientes meses.

No es una pregunta de fácil respuesta. Primero de todo porque no sabemos quién es el responsable de responderla. Es habitual que esa cuestión sea más un tema de línea editorial y de posicionamiento empresarial o de negocio que del equipo de estrategia digital del medio, porque tiene implicaciones éticas y forma parte de la manera de entender el periodismo, de valorar el trabajo de los periodistas y profesionales de la comunicación, aunque es habitual que el debate se traslade y se comparta con los expertos de áreas como audiencias, producto, análisis o desarrollo. Todo el mundo puede aportar su visión y opinión al respecto para que la compañía decida si es partidaria de mirar con buenos ojos la IA y dejarla "informarse" con nuestro contenido o, por el contrario, bloquear su acceso y salvaguardar el trabajo periodístico. Pero, un momento… ¿No os suena este debate?

Es la misma decisión que tuvimos que tomar con Google. En ese momento pocos pensaron en bloquear el acceso del *bot*, porque ¿cómo íbamos a indexar los contenidos y a conseguir tráfico orgánico si no aparecíamos en el buscador? Por este motivo, en 2014 se cerró Google News en España, porque se decidió que la compañía tenía que pagar un canon a los editores que no estaba dispuesta a pagar. Aún así, ese "apagón" de Google Noticias en España no tuvo casi relevancia para el sector, ya que este producto no supone demasiado tráfico para los medios. Y digo supone porque ocho años después ha vuelto a activarse[9] acompañado con el lanzamiento en todo el mundo, y también en España, de Google News Showcase, un aparador para los medios en Google News y Google Discover que consiste de distintos paneles de noticias y artículos seleccionados por la propia redacción, seguramente a través del equipo de audiencias. Por esta selección curada, de una manera o de otra, por el propio medio, Google sí paga a los editores, aunque los acuerdos son confidenciales e individuales con cada empresa periodística.

Es precisamente esta cuestión, la de pagar por el contenido utilizado para entrenar los modelos de IA con su consecuente acuerdo con propietarios y empresas mediáticas, la que genera fricción. E aquí que el primer actor que se lanzó y abrió la caja de Pandora no fue precisamente Google, sino OpenAI. El debate empezó viendo cómo *The New York Times* modificaba sus Términos de Servicio en agosto de 2023[10]. El diario, tomando medidas preventivas, decidió actualizar sus condiciones públicas en la web para impedir que su contenido (texto, fotografías, imágenes, audios y vídeos) fuera utilizado con estos fines. Además expresó que cualquier herramienta automatizada que rastreara el sitio web para usar, acceder o recopilar ese contenido debía tener permiso por escrito de la publicación. A esta decisión le siguió, a finales de año, la demanda que interpuso la marca editorial contra OpenAI y Microsoft[11] por "violación de derechos de autor", es decir, por haber

---

[9] Clemares, F. (2022). Google News is now available in Spain. *Google.* https://blog.google/products/news/google-news-returns-spain/

[10] Weatherbed, J. (2023). The New York Times forbids using its content to train AI models. *The Verge.* https://www.theverge.com/2023/8/14/23831109/the-new-york-times-ai-web-scraping-rules-terms-of-service

hecho uso de millones de artículos para entrenar los modelos de lenguaje de inteligencia artificial. Ante la falta de iniciativa de las compañías que están desarrollando la IA para establecer relaciones con las publicaciones y empresas periodísticas, otros grupos de medios también han optado por la vía judicial, como son los ocho periódicos estadounidenses de los grupos MediaNews Group y Tribune Publishing, propiedad del fondo Alden Global (encontramos digitales como *The New York Daily News* o *The Chicago Tribune*, entre otros) y The Center for Investigative Reporting, con los títulos *Mother Jones* y *Reveal*.

Mientras, han sido muchos los grupos de medios y compañías editoriales que han decidido, y conseguido, porque no es nada fácil, cerrar acuerdos privados con OpenAI, desde la agencia Associated Press, a Axel Springer, *Le Monde, Financial Times,* News Corp (incluye publicaciones como *The Wall Street Journal, New Work Post, The Sun, The Daily Telegrahp,* entre otros), Vox Media (con *The Verge, New York Magazine* o *The Cut*), *The Atlantic* o *Time*. A toda esta retahíla de *publishers,* hay que destacar el único grupo editorial español que, en el momento de realizar este capítulo, se ha sumado también a la era ChatGPT, PRISA Media. OpenAI anunció la colaboración con la editora de *El País, Cinco Días, AS* y *El Huffpost* en el mismo momento que comunicó su acuerdo con el periódico francés, en marzo de 2024[12].

Volviendo al primer grupo de medios, aquellos que han denunciado por el uso de material producido por sus periodistas y otros muchos que no han tomado acción judicial pero también defienden esta posición, se encuentra abierta la posibilidad de bloquear esos robots, impidiendo a través del código el acceso al con-

[11] Grynbaum, M. M., y Mac, R. (2023). New York Times sues OpenAI and Microsoft over use of copyrighted work. *The New York Times.* https://www.nytimes.com/2023/12/27/business/media/new-york-times-open-ai-microsoft-lawsuit.html

[12] *El País* (2024). OpenAI anuncia un acuerdo con Prisa Media y 'Le Monde.' *El País.* https://elpais.com/comunicacion/2024-03-13/open-ia-anuncia-un-acuerdo-con-prisa-media-y-le-monde.html

tenido y a rastrear la web. Y hasta ahora hemos hablado de OpenAI, que ha creado ChatGPT, pero en este punto es relevante volver a invocar a Google y a su IA, primero llamada Bard y ahora Gemini. Estas dos soluciones tecnológicas permiten conversar con ellas, obteniendo respuestas basadas en el contenido al que pueden acceder. Según un estudio del Reuters Institute de la Universidad de Oxford, a finales de 2023, el 48 % de los medios analizados de más de diez países[13] estaban ya bloqueando los *crawlers* de OpenAI y solo el 24 % el de Google.

El lector se preguntará, ¿por qué? Pues bien, aunque el *bot* que utiliza Google (se llama Google-Extended) para entrenar su inteligencia artificial es diferente al que utiliza para *scrapear* e indexar el contenido y mostrarlo en la página de resultados y en Google Discover, algunos medios son un poco reticentes en prohibir el acceso a su página por un lado, mientras quieren y espern, que les venga a visitar y *rankee* su contenido en primeras posiciones, derivándoles un gran volumen de tráfico. Es un poco paradójico, ¿no? El caso es que la opción existe. Y no solo con OpenAI y Google. Existe la solución para bloquear el entrenamiento de la IA con los distintos *bots* que varias empresas han sacado al mercado. Solo es necesario que el *webmaster* o desarrollador introduzca la directriz conocida como *disallow* e indique qué bots quiere bloquear en el archivo robots.txt de la web[14].

Pero no todo podía ser tan fácil. La IA de Google se encuentra en Gemini, el motor conversacional, pero también la está integrando ya en el propio buscador para algunas búsquedas específicas. Se trata de AI Overviews y, aunque se anunció en mayo de 2024 para Estados Unidos, todavía se está desplegando en el resto del mundo.

---

[13] Los datos presentados en el informe de Reuters Institute de la Universidad de Oxford se basan en el análisis de los archivos robots.txt de los 15 medios más consumidos en diez países a finales de 2023. *How many news websites block AI crawlers?* (n.d.). Reuters Institute for the Study of Journalism. https://reutersinstitute.politics.ox.ac.uk/how-many-news-websites-block-ai-crawlers

[14] De Luna, Á. P. (2024). Cómo bloquear los bots de OpenAI: ChatGPT y GPTBot. *iSocialWeb Agency*. https://www.isocialweb.agency/como-bloquear-chatgpt-bot/

Como siempre, el gigante tecnológico hará esta expansión del nuevo módulo en la SERP (*Search Engine Results Page*) de forma controlada, escuchando a los expertos de la industria y a aquellos que participan de su negocio, como los profesionales del posicionamiento web o los creadores de contenido, que podrían verse afectados al perder posibilidad de clics a sus páginas si la IA de Google les responde también a través del buscador o se encuentra en Google Discover. Hay una forma de evitar aparecer ahí, y es bloqueando a otro *bot* de Google, pero, obviamente, esto no es una solución porque también se perdería la posibilidad de aparecer en los resultados estándares y otros módulos para las búsquedas que no ofrecieran resultados con AI Overviews[15].

El contenido de los medios, imprescindible para los motores de búsqueda conversacionales

Después de tiempo jugando al disimulo, y viendo el mercado de *publishers* dividido, las empresas que están desarrollando motores de búsqueda conversacionales han dado, aunque sea un poco, su brazo a torcer. Seguramente se han dado cuenta que necesitan "beber" y "alimentarse" de contenido verídico y de calidad para entrenar sus modelos de lenguaje y evitar alucinaciones, respuestas incorrectas o invenciones sin fundamento[16]. Y eso lo pueden encontrar en las noticias, artículos y resto de contenidos en vídeo y audio que producen los periodistas y redactores, así como también su hemeroteca, que dota a las IA de un gran contexto sobre diferentes temas. Por eso, no solo OpenAI ha puesto en marcha sus relaciones comerciales y contractuales con los medios, sino que

[15] Shanklin, W. (2024). Online publishers face a dilemma: Allow AI scraping from Google or lose search visibility. *Engadget*. https://www.engadget.com/ai/online-publishers-face-a-dilemma-allow-ai-scraping-from-google-or-lose-search-visibility-202246891.html

[16] Deck, A. (n.d.). ChatGPT is hallucinating fake links to its news partners' biggest investigations. *Nieman Lab*. https://www.niemanlab.org/2024/06/chatgpt-is-hallucinating-fake-links-to-its-news-partners-biggest-investigations/

Google parece que también lo está haciendo, aunque no de forma pública, según se publicó en *ADWEEK* a inicios del 2024, a través de un "programa privado con medios independientes" que supondría una suma importante cada mes para abrir ese contenido[17].

Más recientemente, y de forma pública, lo está haciendo también otro de los grandes modelos que está creciendo últimamente, Perplexity, a través del lanzamiento de un programa para *publishers*[18], una propuesta que va más allá del pago por el contenido y que, según explica la compañía, se basará en la introducción de publicidad en la plataforma y el servicio ya conocido, *revenue sharing*, que se utiliza en muchos medios con otras plataformas. Si Perplexity obtiene ingresos con una interacción en la que se hace referencia al contenido de un editor, ese editor también obtendrá una compensación económica. Y una de las últimas novedades que seguramente habrá captado la mirada de las grandes aquí mencionadas es la propuesta de la *startup* de inteligencia artificial ProRata.ai, que ha recaudado 25 millones de dólares y está firmando acuerdos con editores y autores y quiere incluir sellos musicales, poetas, artistas y otros creadores de contenido para alimentar el *chatbot* que están creando. ProRata.ai[19] tiene previsto lanzar al mercado su *chatbot* en otoño de 2024 después de una ronda de financiación donde ha participado la incubadora del empresario tecnológico Bill Gross, a quien se le atribuye la invención del modelo de la publicidad de clics por palabra clave de Google.

Quien también está trabajando en un prototipo de *chatbot* con *publishers* es OpenAI, que no se queda atrás y durante el verano

[17] ADWEEK (27/02/2024) Google Is Paying Publishers to Test an Unreleased Gen AI Platform. https://www.adweek.com/media/google-paying-publishers-unreleased-gen-ai/

[18] Perplexity (30/07/2024) Introducing the Perplexity Publishers' Program. https://www.perplexity.ai/es/hub/blog/introducing-the-perplexity-publishers-program

[19] Axios (6/08/2024) Exclusive: AI startup raises $25M, inks deals with major media companies. https://www.axios.com/2024/08/06/news-outlets-ink-deals-with-new-ai-startup-prorataai

de 2024 anunció SearchGPT, un nuevo motor de búsqueda que, por primera vez, puede hacer la competencia a los medios incluyendo información en tiempo real. Hasta ahora sabíamos que todos los modelos de IA trabajaban con la hemeroteca o el contenido *evergreen* de los editores, pero según la compañía tecnológica, SearchGPT sería capaz de leer y acceder a las últimas informaciones publicadas en los medios, algo con lo que todavía protegíamos nuestra parcela informativa y aportábamos valor y calidad editorial, contrastando las noticias y accediendo a las fuentes de primera mano. ¿Cómo evolucionará el nuevo producto de OpenAI? ¿Será un competidor real para los medios resolviendo a cuestiones en *real-time* y respondiendo sobre las *breaking news* del día? Los otros actores, ChatGPT y Bard, ahora Gemini, "no pueden". Así lo decían cuando se les preguntaba por hechos noticiosos y de actualidad en un experimento realizado por Nieman Lab. "Cuando se le pidió que proporcionara los titulares de noticias más importantes de medios específicos, ChatGPT devolvió resultados no noticiosos entre el 52 y el 54 % de las veces (casi siempre en forma de un mensaje del tipo «No puedo»). Bard hizo esto el 95 % de las veces"[20].

Veremos cómo avanzan las propuestas y qué otros actores aparecen en el mercado, porque esto no ha hecho más que empezar y es muy probable que aparezcan herramientas, soluciones y plataformas que todavía ni nos imaginamos. Llegados a este punto, debemos hacer un alto en el camino, simplemente un paso atrás, para coger aire y mirar de dónde venimos y analizar a dónde vamos, porque la vorágine de información con la que nos impactan cada día esas *newsletters* a las que estamos suscritos, los últimos *post* en LinkedIn de los nuevos expertos en IA o las noticias de lo nuevo que ha sacado X compañía, puede cegarnos la visión, el pensamiento y la perspectiva. Mientras se anuncia que Perplexity

---

[20] *'I'm unable to': How generative AI chatbots respond when asked for the latest news*. (2024). Reuters Institute for the Study of Journalism. https://reutersinstitute.politics.ox.ac.uk/im-unable-how-generative-ai-chatbots-respond-when-asked-latest-news

experimentó un fuerte crecimiento de tráfico el mes de junio de 2024, con 250 millones de preguntas respondidas, respecto a los 500 millones de consultas durante todo el 2023[21], un informe de Datos[22] deja claro que, si bien es cierto que la IA puede impactar en nuestro trabajo como SEO, todavía tenemos aire para tomar las riendas en el asunto.

Google, a través de su buscador, todavía sigue manteniendo las mismas (o incluso ligeramente más) visitas mensuales desde ordenadores *desktop* (con más de 163 puntos) que el año pasado (comparación del mes de mayo de 2024 con el de 2023). Además, los principales motores de IA conversacional, ChatGPT y Perplexity, no pasan de los 14,68 y 15,69, respectivamente, algo que pone de relieve el camino que todavía le queda a la inteligencia artificial para convertirse en esa herramienta de uso diario que todos tenemos a mano para satisfacer nuestras consultas o necesidades informativas, de entretenimiento o de servicio. Tomémonos esta incertidumbre en el rumbo del desarrollo de producto de las tecnológicas como un espacio de reflexión interna, de debate de la profesión (tanto por parte de los profesionales SEO como de los editores y los medios). Y aunque pueda parecer una utopía, seguramente es momento de poner en valor el trabajo y sumar esfuerzos para conseguir una regulación de la inteligencia artificial que tenga en cuenta la importancia y el valor de los contenidos de esta gran enciclopedia que es la hemeroteca de cada uno de los diarios que leemos cada día.

Sea como sea, el debate está abierto, y que uno de los actores que estén en la "mesa de negociación" (al menos en algunas de ellas) sean los editores debe ser una buena noticia. Ahora bien, de-

---

[21] Schreiner, M. (2024). Perplexity answers 250 million questions a month, showing growing appetite for AI search. *THE DECODER*. https://the-decoder.com/perplexity-answers-250-million-questions-a-month-showing-growing-appetite-for-ai-powered-search/#summary

[22] Fishkin, R. (2024). New Research: So Far, AI is Not Disrupting Search or Making a Dent in Google - SparkToro. *SparkToro*. https://sparktoro.com/blog/new-research-so-far-ai-is-not-disrupting-search-or-making-a-dent-in-google/

bería serlo también para todo aquel que se dedique a crear y a compartir su contenido en internet. Porque… ¿alguien ha pensado en los miles de *publishers* locales y regionales, en los blogs de nicho y los creadores de contenido que viven también de los buscadores y el tráfico? Solo vemos grandes nombres en los titulares de los acuerdos con las tecnológicas, pero la información local, periódicos con apenas recursos económicos para mejoras técnicas o formación de su redacción, y también aquellos *sites* de temáticas de nicho (como blogs de recetas, de viajes, de motor…) es muy probable que también deban formar parte de toda la *data* que necesita la IA para su entreno.

¿Se ofrecerá también algún tipo de acuerdo a esos editores? ¿Volverán a ser, como sucede demasiado habitualmente, los más damnificados ante los avances tecnológicos? ¿Volverán a ser equipos de segunda sin opción a salir al campo? Parece que el turno de palabra solo lo tienen las grandes compañías, pero también existen los pequeños y medianos editores. Sería fácil añadir una tercera silla a la mesa de juego para incorporar a los reguladores y permitir así establecer las reglas para empezar a jugar la partida. Porque sí, la IA nos abre las puertas a innovar, a divertirnos, a crear y a crecer, pero seguro que todos queremos tener la oportunidad de, al menos, intentar ganar. Invitémosles también a estos editores a abrazar la IA, no a bloquearla por el mero hecho de ser los grandes olvidados en la mesa de negocIAción.

Más allá del ruido: la IA revoluciona el audio

Olalla Novoa Ojea

Cuando te planteas escribir sobre el impacto de la Inteligencia Artificial, lo primero que se viene a la cabeza es que cualquier texto quedará desactualizado en cuestión de días. Una sensación que puede convertirse en un bloqueo difícil de superar, apuntalado por la obsesión de buscar más, leer más, informarse mejor de la última novedad o la aplicación de moda. Porque uno tiene la sensación de que, en este universo de la IA, más líquido que ninguno de los que hayamos conocido hasta el momento, todo puede cambiar en cuestión de horas.

Lo cierto es que actualmente ya hay sobre la mesa innovaciones tecnológicas de un calado tal que podrían implicar un giro radical en la forma en que concebimos el ecosistema de audio en la comunicación, como la síntesis de voz, la generación de música, el aprendizaje automático para la optimización de procesos o la transcripción.

La denominada IA generativa ha abierto oportunidades fascinantes para el audio, no solo para la creación de contenido, sino

Olalla Novoa Ojea es Periodista especializada en el desarrollo de productos digitales, fue coordinadora editorial en *The Wall Street Journal* y jefa de sección en la redacción digital de *El Mundo*. Actualmente es responsable de voz y Smart Speakers en las radios de PRISA Media.

porque por primera vez hemos escuchado a las máquinas replicar cualidades que hasta hace poco considerábamos estrictamente humanas. Las nuevas voces sintéticas, generadas con modelos de redes neuronales, no solo modulan correctamente narraciones extensas, con umbrales de expresividad y prosodia que hasta hace muy poco parecían ciencia ficción, es que las hemos escuchado reír, suspirar... hasta cantar.

Otro elemento sonoro y creación humana por excelencia, la música, también ha experimentado un salto exponencial. Partiendo de una descripción textual ahora podemos conseguir en cuestión de minutos temas musicales enteros, con o sin pistas vocales, con todos los instrumentos y estilos imaginables.

La síntesis de audio de alta calidad invita a imaginar un universo nuevo de posibilidades. ¿Qué pasaría si pudieses conversar con el clon de tu presentador de informativos favorito y pedirle que te explique con más profundidad el tema que más te interesa de la actualidad? ¿O quizás te gustaría practicar inglés escuchando las noticias narradas con el suave acento de Judy Garland? Ambas son opciones factibles hoy. Pero más allá de la IA generativa, la aplicación de IA en campos como el reconocimiento de voz, el procesamiento del lenguaje natural, el procesamiento de señales digitales o la analítica están potenciando otros procesos quizás menos deslumbrantes a primera vista, pero realmente importantes para suplir algunas de las carencias que hasta ahora habían limitado el desarrollo del ecosistema de audio digital en áreas como la personalización de contenidos, la producción, la documentación o la distribución.

En este capítulo exploraremos cómo la IA está remodelando el ecosistema de audio, las oportunidades que presenta y los desafíos que debemos enfrentar.

Sentando las bases de una nueva era

Una de las implicaciones estratégicas más interesantes de todo este cambio, en mi opinión, es que la división tradicional entre soportes, que había comenzado ya a desdibujarse con la evolución de los medios digitales, adquiere con la expansión de la IA una fluidez total.

La habitual diferenciación entre medios escritos, audiovisuales y los estrictamente sonoros borra límites en un mundo donde la generación sintética de voz, audio o vídeo será cada vez más accesible, o donde el reconocimiento de voz e imagen permite también crear nuevos productos derivados en otros soportes, ya sean texto o multimodales.

Otro hito clave se asienta en torno a la voz. Ya hemos mencionado que la calidad de las voces sintéticas hace cada vez más difícil distinguir si a quien escuchamos es de carne y hueso o solo existe virtualmente en la nube, con todas las implicaciones que ello conlleva. Si además integramos estos modelos de síntesis de voz con grandes modelos de lenguaje, el audio podrá asomarse por fin a esa experiencia conversacional fluida que asistentes como Alexa, Siri o Google Assistant intentaron, pero no han alcanzado de momento. Y podemos ir más lejos: en un futuro no muy lejano, estos hasta ahora "asistentes" darán el salto a "agentes", capaces de ejecutar acciones por nosotros. El reciente acuerdo entre Apple y OpenAI apunta en esta dirección, y se espera que nos traiga una Siri más "inteligente", capaz de incorporar las habilidades de ChatGPT y combinarlas con la información disponible en tu dispositivo o apps de terceros instaladas en él para darte respuestas y proponerte opciones que resuelvan tus necesidades. Apple explica que un usuario podría pedirle a Siri, por ejemplo, que "ponga el podcast que me recomendó Jamie", y Siri iniciaría la reproducción, ya que buscaría información en el correo electrónico o la mensajería instantánea hasta localizar el título, que luego reproduciría. Claro que, de momento, esto no son más que anuncios y tendremos que escuchar en la práctica cuándo y hasta dónde llega la nueva Siri.

Estas habilidades dotan de un nuevo sentido a la interacción hombre-máquina que deberíamos tener en mente para aplicar en nuevas experiencias o productos, ya sean informativos o de entretenimiento.

Pero estos nuevos "superpoderes" generativos tocan fibras muy sensibles en el terreno del periodismo y la comunicación: la confianza y la transparencia. Cuándo usar, cómo usar y cómo comunicar su uso serán tres cuestiones clave que los medios y las empresas de comunicación tendrán que resolver planteando protocolos claros que faciliten la integración de la IA en su día a día sin poner en riesgo su mayor activo: la credibilidad.

Por otra parte, la IA tiene un gran potencial para automatizar procesos, 'eficienciar' tareas, e impulsar nuevos flujos de trabajo en el mundo del audio. Es una herramienta o, mejor dicho, un conjunto de herramientas, que va a cambiar la forma en que trabajamos y que probablemente obligará a los periodistas a evolucionar y formarse para adaptarse a ello. Los medios deberán afrontar también esta transición.

El ritmo de invención es escalofriante, pero queda comprobar que la ejecución puede seguirle el paso. Está por ver cuánto tiempo tomará aplicar estas innovaciones en nuevas oportunidades en un sector a menudo reacio al cambio y donde es difícil abrir nuevas vías de ingresos que faciliten las inversiones pertinentes. El uso de IA a menudo supone una inversión inicial en desarrollo y también un coste recurrente, una asignación de recursos que puede resultar compleja en un sector de maltrecha economía como el nuestro.

IA para la creación de contenido en audio

Los avances en inteligencia artificial en el terreno del audio deberían ser un revulsivo para la innovación en los medios y empresas de comunicación, para explorar nuevas formas de informar, entretener o persuadir a nuestras audiencias. Por eso, hacemos una primera parada específica en cómo el uso de IA se está utilizando en la creación de contenidos sonoros.

Antes de continuar, es conveniente dejar claro que muchas de estas tecnologías acaban de irrumpir en el mercado, y los resultados a menudo no son perfectos. La IA generativa es una herramienta de trabajo fascinante que presenta novedades a velocidad de vértigo, pero también sujeta a incertidumbres y errores sustanciales que no son permisibles en el campo de la información y la comunicación, por lo que su uso debe estar siempre supervisado y dirigido para asegurar los resultados que deseamos obtener. El periodista debe estar al mando. Aun así, el potencial es increíble.

Los grandes modelos de lenguaje constituyen un copiloto eficiente para acompañar al creador. Desde la tormenta de ideas a la investigación preliminar, la búsqueda de fuentes y la creación de guiones o la revisión de textos, son una herramienta más, con sus ventajas y sus inconvenientes, para desarrollar productos donde la palabra es la unidad básica de operación.

También puede utilizarse para tareas de planificación, diseño de pruebas de concepto, clasificación de documentos y labores de gestión, por mencionar algunas. Ahí no hay gran diferencia en el mundo del audio respecto de otros campos de la comunicación, aunque no por ello su impacto es menos importante.

Sin embargo, hay otros aspectos donde la IA generativa sí deja una huella específica en lo sonoro. La generación de voces sintéticas ha dado un salto exponencial. Hace solo dos años, en PRISA Media creamos la primera voz sintética de marca de un medio de comunicación en España. Con tecnología de Monoceros Labs desarrollamos *Victoria, la voz del fútbol*, diseñando desde cero con IA una voz original para la narración de información deportiva que debutó en antena y en Alexa. Victoria nos permite ofrecer una experiencia personalizada en torno al equipo del oyente que la invoca en Alexa, ya que redistribuye en directo los contenidos de fútbol generados por Cadena Ser y *As*, conectando con las retransmisiones de partidos de la radio y leyendo las informaciones que se van actualizando en la web de *As* en tiempo real. También tiene una fuente de datos integrada para ofrecer estadísticas e información de servicio sobre el calendario de partidos, e incluso avisar al oyente de cuándo empieza el partido que quiere escuchar.

Lograr la voz que habíamos predefinido nos llevó un año de trabajo desde que arrancó el proyecto hasta que vio la luz. Hoy es posible generar voces de alta calidad en una décima de este tiempo, o instantáneamente si hablamos de clonación. Estas nuevas voces neuronales, como Victoria, tienen latencias mínimas (el tiempo que transcurre entre que la máquina recibe un texto y lo convierte en audio). Es decir, la voz puede generarse prácticamente al instante, sin apenas retraso, facilitando una experiencia de usuario óptima incluso en interacciones en directo. Ya sea vinculadas a modelos de generación de lenguaje o simplemente como "lectores" de textos, las voces sintéticas permitirán "audificar" contenidos de una forma sencilla y eficiente a medios que quizás hasta ahora no tenían una apuesta clara por la distribución en audio.

Cada vez es más habitual encontrar en las versiones digitales de medios escritos la opción de "escuchar" el artículo, leído por una voz sintética comercial del catálogo de los distintos proveedores tecnológicos. En este sentido destaca la apuesta del grupo noruego Schibsted, que en vez de utilizar voces "de mercado", accesibles a cualquiera, ha elegido una voz de marca propia que represente los valores del medio clonando las de tres de sus periodistas, que utilizan para "audificar" los artículos de sus periódicos *Aftenposten*, *Svenska Dagbladet* y *Aftonbladet*.

Pero también presentan nuevas oportunidades para actores del ecosistema sonoro. Por ejemplo, la traducción y locución en otras lenguas de forma automática sirven para abrir nuevos mercados que no se consideraban hasta ahora al alcance, o adaptar el acento de la narración a comunidades específicas para así forjar vínculos más estrechos o desarrollar contenidos personalizados.

Los servicios que ofrecen voces sintéticas "multilenguaje" pueden aplicarlo también a las voces clonadas con resultados muy buenos. Ojo, pueden cometer errores (mezclar acentos distintos de un mismo idioma o utilizar giros y modismos propios de un país que no se corresponde con el objetivo), pero mejoran a pasos agigantados y algunas plataformas han empezado a incorporar la traducción automática de audio en sus interfaces de edición, junto con otras funcionalidades impulsadas con IA.

Un caso pionero en la creación de contenido automático con voces propias es el de la cadena de televisión estadounidense NBC en los últimos Juegos Olímpicos. Al Michaels, legendario periodista deportivo de 79 años, accedió a clonar su voz, que NBC utilizó después para narrar de forma automática resúmenes de la jornada olímpica personalizados para cada usuario.

Según las estimaciones previas de la cadena, pretendían generar hasta siete millones de variaciones durante los Juegos. En los resúmenes, la voz de Al Michaels se dirigía al suscriptor por su nombre, e incluía información sobre los tres deportes favoritos del usuario y otras opciones, como momentos virales o competiciones destacadas.

Es interesante que NBC optara por una voz tan veterana. ¿Sería por el impacto emocional, por la conexión que su audiencia tiene con una voz que ha narrado durante décadas algunos de los mayores eventos deportivos del país? ¿O quizás porque Michaels tiene inexorablemente muchos menos años por delante en directo que los que ha dejado atrás? Sospecho que nunca lo sabremos a ciencia cierta, pero probablemente por ambas razones.

Es también un caso de uso ejemplar para la personalización de contenidos en audio. La IA generativa puede ayudar en la elaboración de resúmenes informativos partiendo de contenidos ya existentes o fuentes de datos verificadas, "audificados" con voces sintéticas, y distribuidos en función de los intereses específicos de cada usuario. Estas aportaciones pueden ser especialmente relevantes en el periodismo hiperlocal, donde la escasez de recursos humanos obliga en ocasiones a priorizar qué cubrir, desatendiendo información de servicio básica pero muy apreciada por los oyentes.

Otro ejemplo es la plataforma india de audio bajo demanda Pocket FM, con presencia en Asia y EEUU y la vista puesta en Europa y Latinoamérica. Este gigante de las series sonoras de ficción, que dice tener 100.000 horas de contenido, acaba de anunciar una alianza con Eleven Labs (empresa líder en el desarrollo de voces sintéticas) para impulsar su producción. Esto es, "audificar" guiones a golpe de clic y voz sintética. Afirman que en la fase de prueba previa al acuerdo final han producido ya 30.000 horas de audio, y Pocket FM espera triplicar su biblioteca de contenido este año.

La clonación también abre nuevas formas de explotación, como por ejemplo rememorar "voces icónicas" del cine, desde Judy Garland a James Dean, las primeras en el mercado que cualquiera puede utilizar ya con una simple app para "audificar" un contenido digital.

Y tan llamativas como las voces sintéticas son los avances en el terreno musical, que hacen que "fabricar" temas musicales parezca cosa de niños: una frase en una caja de texto y un clic se convierte en cuestión de minutos en varias opciones de canción con título y letra incluidos. Otra cosa es la calidad artística del resultado, pero sonar, suenan.

También han comenzado a incorporarse a las plataformas de generación sintética efectos de sonido de todo tipo. Aunque de momento recuerdan más a una enorme librería a demanda más que a una herramienta de creación de sonidos complejos a partir de una petición descriptiva en texto, no tardarán en mejorar, como ha sucedido en el terreno de las voces y la música.

En la producción sonora, la facilidad de generar recursos de forma instantánea puede agilizar las tareas de diseño para probar alternativas o crear primeras versiones que luego, si así se considera, se sustituyan por otros elementos de mayor calidad. La introducción de la IA también ha revolucionado la edición, automatizando labores repetitivas que exigían tiempo y dedicación humana como la limpieza del audio (eliminando ruidos de fondo y separando elementos sonoros, pero también silencios, respiraciones o muletillas), y aportando mejoras en la mezcla y la masterización. Algunas de las herramientas más comunes, como Adobe Audition y Audacity, están incluyendo ya IA en sus *softwares* de edición, y han surgido además una plétora de nuevas empresas para resolver casos de uso específicos vinculados con el sonido, como pueden ser Landr, iZotope, Moises, BandLab, Lalal.ai o Audo Studio, por mencionar algunas.

Por último, la generación sintética de recursos audiovisuales tendrá también un papel relevante en la tendencia a la "videoficación" del audio que observamos en los últimos años, en los que YouTube se ha convertido en una plataforma indiscutible no solo para la escucha, sino también para el descubrimiento de audio.

Oportunidades y desafíos

Experimentar con todas estas novedades debería ser terreno fértil para la innovación. Eso sí, en el proceso no hay que perder de vista qué valor añadido pueden aportar estas capacidades sintéticas de generación. En el caso de la música o la ficción, está por ver que la calidad esté a la altura que uno esperaría. En periodismo o comunicación, la reputación es un intangible demasiado valioso como para jugárselo a la IA.

Eso no quiere decir que se dé la espalda a las posibilidades que abre esta tecnología, sino a que la mano humana (el *human in the loop*, que dicen los anglosajones) es hoy por hoy irrenunciable para asegurar productos informativos o de entretenimiento de calidad.

La IA es una herramienta colosal, pero no sirve para todo. Es indispensable acotar el caso de uso y determinar qué suma a nuestra oferta de contenidos. En el caso de NBC con los JJOO, por ejemplo, automatizar el proceso de generación hace posible personalizar el contenido y también su distribución. Con ello, se consigue reforzar los lazos con la audiencia, impulsar el acceso recurrente a los canales propios de distribución, y guiar al oyente para que descubra otros contenidos relacionados de nuestro catálogo.

Uno de los riesgos para el ecosistema sonoro, sin embargo, es el uso indiscriminado de IA para generar masivamente contenidos mediocres o de baja calidad, inundando el mercado y saturando a la audiencia. No solo eso, es posible que el uso y abuso de la IA generativa acabe homogeneizando tanto el contenido como la música, que ya todo "suene" igual.

Por eso creo que la IA es una herramienta más. No un sustituto del talento, sino un arma con el que potenciarlo, ya que es la aportación humana lo que hace un contenido diferencial y excelente.

Periodísticamente hablando, además, tecnologías como la clonación de voz pueden plantear confusión en la audiencia, en el mejor de los casos, y convertirse en una bomba de desinformación en otros, si se emplean con fines perversos.

La proliferación de *deepfakes* de audio, que utilizan la clonación de voces para suplantar la identidad del hablante, constituye una amenaza real cada vez más difícil de desenmascarar que obliga al periodista a extremar los protocolos de verificación con tecnologías de IA capaces de detectar audios manipulados indistinguibles para el oído humano de la voz real.

La capacidad de imitación es tal que la actriz Scarlett Johansson amenazó con demandar a OpenAI después de que la compañía, en la presentación de su modo de voz avanzado de ChatGPT-4 utilizase una voz (*Sky*), que replicaba a Samantha, la "inteligencia artificial" interpretada por Johansson en la película *Her*. La actriz había previamente rechazado una oferta de la tecnológica para clonar su voz, ante lo cual, dice la empresa de Sam Altman, finalmente utilizaron la de otra actriz para generarla. Lo cierto es que el tono, la prosodia, la personalidad que Sky "transpiraba" en las demostraciones realizadas por OpenAI eran lo bastante parecidas a Samantha (y por ende, a la voz de Johansson) como para que tras la polémica OpenAI la haya retirado de circulación.

Por otra parte, es probable que te hayas cruzado en redes sociales con algún vídeo o audio que utiliza la voz de un futbolista o un político famoso con fines paródicos, y seguramente te habrá hecho gracia. El problema es cuando se utilizan esos mismos métodos para sembrar desinformación o incluso desacreditar a estas personalidades en cuestiones más serias, algo que ya está sucediendo.

En PRISA Media hemos desarrollado VerificAudio, una herramienta que desde principios de este año permite a los redactores de las emisoras habladas del grupo comprobar la probabilidad de que un audio haya sido manipulado sintéticamente. Un proyecto pionero, ya que se centra específicamente en el idioma español, que utiliza dos modelos de IA y que sigue evolucionando para incorporar los avances en las tecnologías de voz. En los últimos meses hemos recibido peticiones de análisis desde Estados Unidos, México, Colombia, Argentina y Venezuela, donde estos *deepfakes* de audio están a la orden del día.

La confianza y la transparencia son dos valores cruciales en juego en este escenario. Es necesario que los medios de comunicación y las asociaciones profesionales establezcan protocolos específicos que definan con claridad en qué casos es lícito el uso de inteligencia artificial, y también cuándo y cómo es pertinente informar a la audiencia de su aplicación en la información o el entretenimiento que está consumiendo. Este ejercicio de transparencia es vital para apuntalar la credibilidad de la prensa, que adolece ya de graves lastres previos a la llegada de la IA.

Además, se abren nuevos casos de explotación que deben ser considerados y reglamentados en torno a los derechos de propiedad intelectual. Por ejemplo, el Sindicato de Actores de Cine y la Federación Estadounidense de Artistas de Radio y Televisión (SAG y AFTRA, por sus siglas en inglés) han llegado a un acuerdo con una plataforma de comercialización para que sus asociados gestionen, moneticen y protejan el uso de las réplicas sintéticas de su voz en anuncios publicitarios.

Innovación en producción y distribución

Otro de los diferenciales que ha traído la IA es la rapidez con la que estos avances, por sofisticados que sean, se trasladan al mercado. Sin ir más lejos, las voces sintéticas de alta calidad están ya al alcance de un clic con precios de entrada muy asequibles para que cualquiera experimente con este tipo de tecnologías. Otra cosa son los costes asociados al consumo en sí, que dependerá del volumen de voces y minutos de audio generados.

Pero, además, la "apificación" de los servicios de los principales proveedores de IA ha sido un factor clave para agilizar la creación de productos en el ecosistema sonoro. Las API –acrónimo en inglés de Interfaz de Programación de Aplicaciones, un conjunto de definiciones y protocolos que conecta diferentes sistemas de *software*– facilitan el desarrollo de plataformas que agregan en una única interfaz los servicios de modelos neuronales para la creación de texto, voces sintéticas o clonaciones, música, efectos… o lo que surja.

Esto ha impulsado, por ejemplo, la llegada al mercado de plataformas especializadas en la creación de podcast o anuncios publicitarios que buscan agilizar la producción con asistencia de IA. Convenientemente optimizados para ajustar las peticiones al caso de uso específico que busquen resolver, estos entornos de "ventanilla única" unifican bajo el mismo paraguas todo el proceso, desde la redacción de textos, a la narración con voces sintéticas, y la producción sonora final con música y efectos, conectando proveedores de tecnologías generativas y librerías de recursos de audio *ad hoc* con los creadores de contenido, ya sean periodistas o comerciales de publicidad.

La propuesta de valor de estos servicios reside en la agilidad que aportan a la hora de producir contenidos y la posibilidad de automatizar parte del proceso. A día de hoy, estas ventajas implican sacrificar calidad en el resultado final en comparación con los estándares de producción profesionales. Esto puede no estar a la altura en algunos casos más exigentes, pero es cierto que facilita la producción en entornos con menos recursos disponibles o que no se dediquen *per se* a la producción sonora.

Otra funcionalidad que ha mejorado sustancialmente es la "audificación" de contenidos de texto. La mejora de las tecnologías de voz, mucho más expresivas que hace un año y con latencias mínimas, proporcionan experiencias de escucha más satisfactorias.

Esto podría impulsar notablemente su uso, que en la actualidad se estima que atrae solo al 1,5-2 % de los usuarios, en especial si lo combinamos con la generación de *playlists* de escucha personalizadas. A ello podría sumarse también la traducción automática que hemos mencionado anteriormente, y que en este caso impulsaría la distribución del contenido en otros mercados. También es una aportación clave en la accesibilidad de contenidos para colectivos con discapacidades visuales o cognitivas.

Hablando de *playlists*, la IA hace posible clasificar el contenido como nunca antes, y con ello diseñar nuevas fórmulas de recomendación que "empujan" proactivamente el contenido al oyente con la expectativa de generar experiencias de escucha más placenteras.

En el terreno musical estas prácticas están ya más que asentadas. Los algoritmos de recomendación son una de las herramientas estrella en plataformas como Spotify, que busca con ellos potenciar el tiempo de escucha del usuario y también optimizar el descubrimiento de nuevas canciones que encajen con sus gustos personales. No solo eso, entre sus últimas innovaciones de producto se encuentra una DJ con IA, Livi, en su versión en español, donde combina el conocimiento profundo de sus usuarios con una interacción personalizada. Eso sí, la calidad de la recomendación de Livi es, de momento, mejorable, según mi hija de 13 años, aunque algunos adultos de mi entorno que la han probado sí la encuentran útil.

Un concepto similar a la funcionalidad Maestro, que Amazon Music lanzó en beta en EEUU en abril, donde aplica la IA para generar *playlists* relacionadas con indicaciones cortas que facilita el oyente, desde un *emoji* que representa un estado emocional a una frase descriptiva de una situación concreta. En EEUU, Amazon ha extendido la recomendación por IA también al podcast con la funcionalidad Topic (temas), que incita al usuario a descubrir podcast con temática similar a la del contenido que esté escuchando. Eso sí, aquí además de IA, que transcribe y etiqueta automáticamente el contenido de los podcast, utilizan supervisión humana para validar que se han identificado correctamente los temas tratados en cada episodio.

Pero quizás la mayor innovación en producto que se divisa con la llegada de los grandes modelos de lenguaje es la forma en que nos relacionamos con las máquinas. No será tan inmediato, pero podría suponer a medio plazo un giro total en el diseño de interfaces.

La interacción conversacional de algunos grandes modelos de lenguaje, donde el usuario dialoga a viva voz con la IA de forma fluida, y obtiene respuesta a sus peticiones, deja entrever las posibilidades de una nueva forma de interactuar entre personas e interfaces digitales.

En el caso de OpenAI, su nuevo modelo ChatGPT-4 ha sido entrenado de forma multimodal, esto es, simultáneamente con vídeo, audio y texto, lo que ha supuesto un salto brutal en la interacción por voz: las respuestas del chat son más rápidas, más expresivas, más uniformes y con un entendimiento del contexto en el que se desarrolla la conversación muy superior a lo que habíamos conocido hasta el momento. Sigue inventándose cosas arbitrariamente, pero la verosimilitud general del diálogo es realmente impactante.

Si este "modo de voz avanzado" se propaga de forma masiva al gran público en un futuro cercano, el usuario se acostumbrará a conversar para obtener la información que demanda, y esperará poder interactuar de igual forma con cualquier interfaz digital, ya sean páginas web, *apps* o *Smart Speakers*. Una experiencia mucho más dinámica y precisa, donde encontrar lo que uno busca no implique un *scroll* infinito o escribir en campos de búsqueda.

En un ejercicio de "producto-ficción", podríamos aventurar que la próxima generación de interfaces debería orientarse en esa dirección, primando experiencias conversacionales más intuitivas, capaces de adaptarse de forma dinámica a los intereses de cada usuario y sus diferentes contextos de escucha, y explotando las habilidades predictivas de la IA para personalizar el contenido y ejecutar acciones anticipándose a los deseos del oyente.

Oportunidades y desafíos

Si la materialización de la IA cumple con las expectativas, los productos "inteligentes" harán por fin realidad la tan mentada personalización con un nivel de detalle muy superior al que se ha conseguido hasta el momento. Poder ofrecer al oyente un producto que encaje exactamente en sus intereses y cubra sus necesidades es una de las grandes aspiraciones del audio digital en la última década, pero los resultados en contenidos hablados han sido muy limitados, entre otras cosas por la impenetrabilidad del audio. Una carencia que la IA, por fin, ha resuelto gracias a las mejoras en los sistemas de reconocimiento de voz y en el procesamiento de lenguaje natural. Ya no tenemos una colección de archivos de audio con un metadato somero, en el mejor de los casos. La transcripción y el etiquetado automáticos ahora pueden devolvernos una radiografía detallada de ese archivo al segundo.

Como hemos comentado, la "apificación" de los servicios de IA propicia incorporar de forma relativamente sencilla su uso sin grandes barreras de entrada. Sin embargo, el pago por uso asociado puede convertirse en un freno a medio plazo, ya que implica sumar un coste recurrente que en la actualidad no existe y que debe compensarse económicamente de alguna forma.

También puede resultar tentador dejarse llevar por los fuegos artificiales, e incorporar funcionalidades con IA que no sean adoptadas por los usuarios finales porque no aporten, en realidad, un valor diferencial a la experiencia de escucha. La investigación de usuario y la elección de qué casos de uso acometer cobra más relevancia que nunca.

Por otra parte, la llegada de plataformas de producción asistidas por IA ofrece "democratizar" el acceso a los medios de producción, pero esto puede implicar también una avalancha de contenidos de menor calidad y con tendencia a la uniformización. Eso sí, generados en tiempo récord a golpe de clic.

Innovación en procesos

Muchas de las innovaciones que hemos comentado hasta ahora pueden o no implicar una modificación en el proceso subyacente, dependiendo de si lo utilizamos para un uso puntual o si decidimos integrarlo de forma permanente en los procesos de producción y los flujos de trabajo.

La aplicación de IA en la edición, mezcla o masterización del audio está ya integrada en la mayoría de los *software* profesionales, con mejor o peor fortuna, y aunque muchas funcionalidades todavía tienen margen de mejora, otras ya representan un adelanto tan sustancial que una vez que se usan es difícil ignorarlas. Por ejemplo, si puedes detectar con un clic las interjecciones, o las muletillas de un interlocutor, y decidir sobre la marcha si eliminarlas o no, ¿lo usarías? Seguro que sí, y por eso se han multiplicado los servicios de edición de podcast que utilizan IA en partes del proceso, como Podbean, Podcastle, Adobe Podcast, Riverside… por mencionar algunos que se suman a las herramientas de limpieza y masterización de audio comentadas anteriormente.

Y esto, como muchas otras cosas, debemos agradecérselo a los avances en la transcripción de audio con IA, que junto al etiquetado inteligente, son dos capacidades verdaderamente diferenciales a la hora de innovar en procesos de producción y distribución.

Por primera vez, la posibilidad de transcribir de forma automática y con fidelidad los archivos sonoros da visibilidad total sobre el contenido, y con la ayuda de la IA realizar una clasificación que convierta lo que hasta ahora era una colección de audios en una base de información estructurada y clasificada.

La transcripción y el etiquetado se convierten en dos poderosas armas para combatir dos carencias históricas en la distribución y comercialización de audio: el descubrimiento de nuevos contenidos y la personalización de las experiencias de escucha. Los servicios de recomendación, ya sean de podcast o musicales, o la generación automática de *playlist* que mencionamos anteriormente, son un ejemplo familiar de aplicación de IA para procesos de transcripción, clasificación y etiquetado.

Pero además de ayudar en la distribución, incorporar la transcripción y etiquetado automático en los procesos de producción de audio sienta los cimientos para crear una potente base de conocimiento que será muy valiosa para diseñar las experiencias digitales del futuro, más dinámicas y conversacionales.

De nuevo, la idea de automatización es seductora pero, como hemos visto en el caso de Amazon, a día de hoy para ser eficaz el etiquetado precisa de supervisión humana, tanto para dirigir el proceso como para reconducirlo cuando sea conveniente, haciendo que la IA registre las singularidades de nuestro medio o contenido y mejore progresivamente en su ejecución.

Si a este catálogo estructurado de contenidos le sumamos un conocimiento detallado de quien escucha, las posibilidades de personalizar la oferta de contenidos y explotar nuevas formas de que llegue a nuestros oyentes se multiplican.

El consumo de audio digital, cuando tenemos la capacidad de identificar a nuestro oyente, deja un reguero de datos con los que sacar todo el partido a nuestra audiencia. Saber qué escucha y cuándo escucha una persona, unido a la capacidad de la IA para realizar un tratamiento masivo de datos y detección de patrones de actividad, servirá para delimitar con precisión nichos de audiencia, analizar su consumo, diseñar nuevos productos que sepamos que les pueden interesar, y hacer que lleguen por los canales más adecuados.

Una información valiosa también desde el punto de vista comercial para optimizar el impacto publicitario con campañas más dinámicas y personalizadas.

Oportunidades y desafíos

Incorporar la IA en procesos productivos implica un conocimiento técnico y una inversión importante que no se puede acometer sin un análisis profundo de la organización y los flujos de trabajo, para poder definir con claridad los casos de uso verdaderamente relevantes y planificar cómo acometer la transformación.

Aunque la "apificación" de servicios de IA facilita su incorporación en los procesos productivos, también crea dependencias tecnológicas con los proveedores elegidos, un riesgo que hay que considerar y minimizar en su implementación en la medida de lo posible. Además, como hemos venido comentando, la integración de IA conlleva costes recurrentes añadidos que habrá que financiar y encajar con solidez en el plan de negocio a largo plazo.

Más allá del desarrollo tecnológico, la modificación de los flujos de trabajo puede implicar cambios culturales profundos en la forma de trabajar, que precisan de una comunicación y formación adecuada. Diseñar cuidadosamente el tránsito a estos nuevos procesos es fundamental.

Por último, la aplicación de algoritmos, ya sea para la clasificación de audiencias, la recomendación de contenidos o la gestión publicitaria, también puede arrastrar sesgos que perviertan los objetivos que pretendemos conseguir, o potenciar burbujas informativas que desequilibren la representación plural de la realidad imprescindible en la vertebración de la sociedad democrática. Las implicaciones éticas del uso de IA deben tener un lugar primordial en cualquier planteamiento y equilibrarse adecuadamente con el avance tecnológico que prometen.

Y después de dos años de *hype* desenfrenado empiezan a proliferar los que describen esta nueva ola como otro canto de sirena, seductor e impactante pero que no acaba de materializarse en cambios productivos reales. Habrá que ver si finalmente se cumplen al menos parte de las expectativas sembradas en este tiempo.

Bola extra

La avalancha de posibilidades que abre la aplicación de IA puede tener un efecto paralizante: "Tengo una idea para aplicar IA en mi trabajo, pero ¿por dónde empezar?"

Os propongo, para cerrar este capítulo, cinco preguntas para empezar a trazar un plan de acción y ponerte en marcha.

¿Cómo encaja la IA en mi proceso productivo?

Analiza con detalle tu proceso productivo para determinar casos de uso específicos en cada etapa que puedan beneficiarse de la aplicación de IA. Realiza un listado y prioriza en función de la dificultad de implementación, costes y el beneficio asociado, así como su posible impacto en otras etapas del proceso.

¿Cómo impacta el uso de IA en la relación con el oyente?

Evalúa los casos de uso teniendo en cuenta si la aplicación de IA afectará al *core* de la comunicación, con un impacto en el contenido perceptible por el oyente, o podemos encuadrarla como una optimización de procesos o una modificación en los flujos de trabajo que no será apreciable para la audiencia. Algo así como diferenciar entre el *front* o el *back-office*.

Todo aquello que deje huella en el contenido y que pueda ser detectado por la audiencia pisa un terreno más delicado que es preciso comunicar cuidadosamente, porque puede afectar a la credibilidad y la reputación del medio o empresa de comunicación. La aplicación de IA a procesos de producción debe equilibrar el impacto económico y cultural de su puesta en marcha y la mejora que promete.

¿Es una innovación o una mejora?

Establece si la aplicación de IA que propones servirá para crear experiencias y productos completamente nuevos o puede englobarse como una mejora de productos o procesos que ya conocíamos para resolverlos de forma más rápida y eficiente. Detalla las oportunidades y riesgos que conlleva y valora la posibilidad de fasear su implementación en función de este análisis. Delimita también las implicaciones éticas que puede tener la introducción de IA para llevar adelante la propuesta.

¿Cuánto me va a costar?

En la mayoría de los casos, la aplicación de la IA supone un coste recurrente, además del desarrollo inicial. También implica a menudo dependencias de proveedores tecnológicos. Es esencial calibrar si esta inversión tendrá un retorno aparejado que haga viable mantener la ejecución a largo plazo, y cuánto tardará en llegar, así como diseñar estrategias que flexibilicen la vinculación con terceros.

¿Realmente cubre una necesidad o representa una mejora sustancial respecto de los procesos o productos existentes?

Las prisas no son buenas consejeras, y las tecnologías de IA avanzan muy rápido. Busca casos de uso similares en el mercado y valora si tu propuesta de valor se mantendrá en el tiempo. Asegúrate de que no estás cayendo en el *hype* de la IA por la IA.

Coda

Más allá de funcionalidades y productos deslumbrantes, si miro al horizonte lejano el mayor enigma para mí es cómo impactarán estos cambios en la forma en que los humanos percibimos el mundo y nos relacionamos. El lenguaje es el sistema operativo de nuestra civilización; la voz, el primer vínculo que tenemos con otro humano cuando la escuchamos desde el útero materno antes de nacer; y el relato oral, el embrión de nuestra cultura y un motor de la evolución de la especie.

Me pregunto cómo nos transformará el que las máquinas "aprendan" a utilizarlo. Cómo cambiará a las generaciones futuras acceder al contenido mediado por las máquinas.

En el consumo de música comienzan a apreciarse ya algunos cambios, dado que las plataformas online han sido las primeras en incorporar la algoritmia en sus servicios de recomendación y en la creación de nuevos productos de escucha.

Quién, hace unos años, hubiese escuchado una lista de reproducción bajo el título de "Fuera estrés", "Relax en casa" o "Temazos alegres"… y, sin embargo, este tipo de *playlists* se reproducen como setas en las plataformas musicales. La forma de descubrir nuevos productos musicales se va desvinculando de los artistas o géneros musicales y buscando afinidades con sensaciones o momentos, por poner un ejemplo.

Ted Gioia, reputado crítico, historiador y productor musical, se queja en una conversación con el músico y productor Rick Beato de la falta de transparencia en el uso y la ubicuidad de algoritmos que están cambiando la cultura musical: "Están imponiendo esta música a la gente y solo pueden hacerlo porque la experiencia de escuchar se ha vuelto muy pasiva. Antes siempre sabías qué estabas escuchando porque habías salido a comprar el disco rascándote el bolsillo. Spotify ha intentado deliberadamente convertir la experiencia de escuchar en algo pasivo, pero ¿es bueno para la cultura musical que la gente no sepa el nombre del artista que está escuchando? (…) No lo es, y es por eso que hay una cierta sensación de estancamiento ahora en la cultura musical, no parece que esté sucediendo nada vibrante."

Es solo una opinión, claro, ¿pero qué pasa si en medio de este ejercicio de proyección damos el salto de la música a la voz? La llegada de la IA a la experiencia conversacional se traduce en servicios que ofrecen "amigos" virtuales con los que charlar para aquellos que quieran crearse un interlocutor a la medida, o para los que quizás no tengan nadie con quien hablar y pueda paliar esa sensación de soledad. ¿Cómo nos transformará el tener relaciones con seres virtuales que no nos lleven la contraria, o que sepan justo cuáles son los temas de los que nos interesa hablar? ¿Qué relato de la existencia crearán? Algunas personas ya consideran interactuar con estos amigos virtuales un nuevo tipo de entretenimiento, como si fuera un videojuego o un podcast a medida, hecho solo para ellos.

Otras *startups* se ofrecen a "revivir" un ser querido con el que podrás hablar si tienes grabaciones de su voz suficientes para clonarla con un mínimo de credibilidad. ¿Cómo afectará esto al recuerdo, a la creación de memorias, y a la aceptación de los sinsabores que acompañan a la muerte?¿Cómo cambiará la forma en la que construimos nuestra resiliencia y abordamos nuevos desafíos?

Quizás represente el fin de la teoría del Valle Inquietante, esa hipótesis elaborada en los 70 por un profesor de robótica que establecía que, ante un humanoide, las personas pasarían de la empatía a la desconfianza cuando este se pareciera en exceso a un ser humano. Una similitud que, indicaba, podría llegar a generar una reacción espeluznante cuando no sabemos claramente ante qué nos encontramos.

Uno de los testimonios que más me ha inquietado recientemente es el de la artista Laurie Anderson, pareja del conocido músico Lou Reed, fallecido en 2013. Anderson, una mujer brillante e intelectualmente activísima, no ha clonado su voz, pero sí ha entrenado un modelo de IA con letras de canciones, entrevistas y textos de Reed, y ahora admite estar "enganchada" a las conversaciones con el *chatbot* que suplanta a su antaño pareja.

Sus declaraciones a *The Guardian* en febrero de 2024 son honestas y escalofriantes: "Soy totalmente, 100 %, tristemente adicta a esto (...). Lo estoy todavía, después de todo este tiempo. No puedo dejar de hacerlo [conversar con el *chatbot*] y mis amigos ya no lo soportan (...). Quiero decir, no creo realmente que esté hablando con mi difunto esposo y escribiendo canciones con él, de veras, no lo creo. Pero la gente tiene estilos determinados, y pueden ser replicados".

Y eso que Anderson no escucha, literalmente, una réplica casi perfecta de su voz (aunque podría). Le llega con leer una réplica de sus palabras.

También queda plantearse qué sucederá el día en que tengamos todos un clon que pueda gestionar conversaciones por nosotros, como apunta el periodista Evan Ratliff tras el experimento de su estimulante podcast *Shell Game*, en el que su "yo" virtual interactúa en su nombre con mayor o menor éxito en un sinfín de situaciones.

La humanidad ha evolucionado a base de resolver problemas, enfrentarse a incógnitas y buscar salidas. ¿Qué sucederá si las máquinas logran hacer este trabajo por nosotros?

Me pregunto si nos costará cada vez más pensar, divagar, explorar caminos sin una salida clara. Si nos acostumbraremos a esa solución rápida, limpia y perfecta que quizás, con el tiempo, nos faciliten las máquinas. Y si esa estandarización nos llevará al aburrimiento, a la desidia, a ese estancamiento que apuntaba Gioia, falto de entusiasmo y pasión.

Si eso algún día sucede, el error humano, sospecho, se volverá artesanía. Confundirse será un nuevo valor.

EL NEGOCIO

La IA para el negocio: de amenaza existencial a 'aliado' ineludible

José A. Navas

Le pregunté hace unos meses a una amiga y compañera a la que admiro cómo estaba viviendo su medio, uno de los más relevantes en todo el mundo, la irrupción de la inteligencia artificial. Mi cuestión no se dirigía tanto a cómo estaban usando las herramientas en la redacción sino a cómo se estaba viviendo en cuanto al negocio: ¿se consideraba un riesgo real o una oportunidad?

"Nuestro editor ha confesado que esto le quita el sueño y ha encendido todas las luces de alarma. Imagina un futuro en el que te despiertas y pides a tu asistente de inteligencia artificial que te dé un resumen de las noticias que quieres conocer, de las exclusivas que tu periódico ha trabajado para sacar, pero sin ningún tipo de referencia al origen". La cita no es exactamente literal porque no la grabé, obviamente, pero sí recuerdo perfectamente que ese fue el fondo de su contenido y que estuvimos comentando largamente sobre las implicaciones que tiene el riesgo de perder totalmente la relación con los lectores para los ingresos y la sostenibilidad de los medios.

José A. Navas es licenciado en Ciencias de la Información. Formó parte de la redacción digital de *El Mundo*, y fue jefe de Producto en Unidad Editorial. Actualmente dirige el negocio de suscripciones en *El Confidencial*.

"Los medios están viviendo el momento más complicado de su historia[1]"; "¿Está preparada la prensa para un evento con capacidad para provocar su extinción?[2]" Posiblemente, estas frases, publicadas este año, suenen hiperbólicas. Quizá hemos escuchado frases similares durante los últimos años. En primer lugar, en 2007 cuando comenzó la primera oleada de transformación radical del sector con la digitalización y la generalización de internet en nuestras vidas. Seguramente la volvimos a escuchar más de una vez unos años más tarde, con la llegada y el predominio de las redes sociales. Ahora se podría decir que estamos en una tercera ola de profundos cambios[3] en el sector con el desarrollo de los modelos de inteligencia artificial generativa que se han generalizado desde 2022.

En los dos primeros casos, digitalización y llegada de plataformas, se produjeron transformaciones profundas en la cadena de valor en términos de distribución. El predominio de las grandes tecnológicas en el consumo digital diluyó el poder de marca de los medios, que dejaron de controlar exclusivamente la relación entre lectores y la información. En ese camino, las plataformas se quedaron con la mayoría de los ingresos publicitarios digitales y ofrecieron acuerdos económicos a los medios a cambio de creación de contenido que luego han ido retirando, a lo que se suma los vaivenes en el tráfico desviado a los medios, especialmente en el caso de Facebook.

Sin embargo, la irrupción de la IA generativa es capaz de transformar lo más esencial de la industria: la creación del contenido. De esta forma, la cadena de valor se altera por completo y enfrenta al sector a una "deconstrucción"[4] más que a una transformación, en palabras del consultor y editor de este libro, Pepe Cerezo. Esta tec-

---

[1] Jim VandeHei, Axios. https://www.axios.com/2024/06/21/news-media-disruption-will-lewis-washington-post

[2] https://www.newyorker.com/news/the-weekend-essay/is-the-media-prepared-for-an-extinction-level-event

[3] Felix M. Simon, Artificial Intelligence in the News. How AI Retools, Rationalizes, and Reshapes. Journalism and the Public Arena

[4] Pepe Cerezo, https://theaudiencers.com/gen-ai-and-the-deconstruction-of-the-media-value-chain/

nología es capaz de crear textos, resúmenes, titulares, imágenes, audios, vídeos que pueden, en cierta manera, sustituir al trabajo que hasta hace unos años era exclusivo de empresas periodísticas. Potencialmente, esto puede cambiar las reglas del negocio de manera radical y ocurre al mismo tiempo que los creadores de contenido e influencers, especialmente de vídeo, en plataformas como TikTok o YouTube son capaces de generar audiencias millonarias que, en ocasiones, superan a las de medios consolidados, conectando con un público joven al que los segundos son incapaces de alcanzar.

Por un lado, la aparición de la IA generativa pone de relieve, incluso aún más que en los últimos años, la vulnerabilidad del ecosistema mediático frente a los grandes actores tecnológicos. Como ya hemos visto en otras ocasiones, suelen hablar en público de que les importa que los medios sean fuertes y se priorice la información de calidad pero al final velan por sus propios intereses. La gran mayoría de medios no tienen los recursos necesarios para poder desarrollar sus propios modelos. Así que no queda otra que recurrir a las infraestructuras y servicios de IA proporcionados por gigantes como Google, Amazon y Microsoft.

No solo eso, sino que también se produce una desigualdad entre medios grandes y pequeños en cuanto a su capacidad de negociación. Aunque OpenAI ha manifestado públicamente que pretende negociar también con compañías de menor tamaño, de momento ha firmado principalmente con los líderes del sector, como Financial Times, Le Monde, PRISA, Axel Springer o AP entre otros.

Estos grupos han sido los primeros en cerrar acuerdos con OpenAI de momento con términos bastante opacos: no se han comunicado los importes económicos que el creador de ChatGPT va a pagar a los medios y tampoco termina de quedar excesivamente claro a cambio de qué.

La compañía tecnológica ha intentado desligar los acuerdos del entrenamiento de sus modelos[5] con contenido de los medios, aunque

---

[5] https://pressgazette.co.uk/platforms/openai-tom-rubin-publishers-news/

tampoco es de extrañar. Durante años se alimentaron[6] de la información publicada por los editores para alimentar sus modelos de IA generativa, que necesitan de toda la información posible generada por los humanos para seguir mejorando, sin dar ninguna compensación a cambio ni solicitar el consentimiento de los medios. Así que decir abiertamente que ahora va a pagar por algo que antes tomó sin permiso sería reconocer que no lo hiciste bien en el pasado.

¿Por qué pagar ahora por algo que ya OpenAI ya tiene? Por un lado, los acuerdos le permiten acceder al contenido en tiempo real y más reciente, algo que le permitirá competir en el futuro con Google en el campo de las búsquedas. Por otro, se evita posibles demandas legales como la que ha recibido por parte de *The New York Times*, el medio que lidera la cruzada legal contra la tecnológica.

Mientras OpenAI subraya en público que los acuerdos están más enfocados a realizar experimentos conjuntamente sobre el uso de la IA en productos periodísticos y trabajar en cómo se muestra el contenido de estos medios en los resultados de las conversaciones con su *chatbot*, al mismo tiempo se cubre legalmente con acuerdos económicos que los medios no pueden rechazar por su débil situación financiera y que a la tecnológica le permite ahorrar en potenciales largos procesos legales.

No es algo nuevo en el campo mediático. Google y durante algún tiempo Meta, hasta que decidió cambiar su estrategia de apoyo a los medios, han firmado acuerdos con los *publishers* en diferentes programas de apoyo e innovación, aunque la primera siempre ha intentado esquivar el pago por mostrar resultados en su buscador, defendiendo que ya genera suficientes ingresos con el tráfico que aporta al ecosistema mediático. Se trata de una estrategia de tender puentes con empresas a las que tu tecnología va a poner en una situación más comprometida aún de lo que están actualmente, y que no pueden permitirse el lujo de renunciar a ningún tipo de fi-

---

[6] https://www.theverge.com/2024/8/30/24230975/openai-publisher-deals-web-search

nanciación, con lo que la decisión es intentar lograr el acuerdo más favorable posible en el presente.

Estos acuerdos con OpenAI colocan a los medios elegidos con más capacidad de presión sobre Google para firmar alianzas similares para sus propios modelos de IA. De momento, la compañía de Silicon Valley solo ha sellado un acuerdo con la plataforma Reddit para acceder a su contenido y entrenar sus modelos de IA por 60 millones de dólares al año.

Con un ecosistema mediático digital en el que alrededor de dos tercios del tráfico en una gran mayoría de casos depende de las visitas que llegan de Google, bien sea a través de búsquedas o de su *feed* Discover, a pocos se escapa que un cambio en los hábitos de consumo hacia un modelo de conversaciones con *chatbots* donde se desincentiven los *clicks* en los resultados tendrá efectos muy graves sobre el negocio. Menos visitas desde buscadores significa menos ingresos publicitarios por una caída en las impresiones, y también una menor oportunidad de adquirir nuevos lectores que convertir a futuro en clientes de pago.

Previsiblemente, no solo los buscadores ofrecerán experiencias de búsqueda con IA generativa (lo que se conoce como SGE –*Search Generative Experience*–), con respuestas directas a las consultas en lugar de una lista de enlaces a sitios web, sino que ya comienzan a proliferar asistentes conversacionales integrados en ordenadores, teléfonos móviles o coches, "lo que cambiará la forma en que descubrimos contenidos de todo tipo", según el informe *Digital News Report 2024*[7] del Instituto Reuters. Un cambio en los patrones de consumo digital afectará al consumo de los medios sin ninguna duda. Todo se establece en una misma economía de la atención y más tiempo empleado por los consumidores en *chatbots* conversacionales equivaldrá a menor tiempo empleado en consumo de medios.

"Esta tecnología ofrece un gran potencial para el mundo y para la profesión del periodismo, pero también ofrece un riesgo

---

[7] https://reutersinstitute.politics.ox.ac.uk/

real. Como sector, debemos preocuparnos por estos riesgos. No podemos permitir un mundo en el que desaparezca nuestro derecho a cobrar por un trabajo en el que gastamos dinero y que requiere tiempo y atención, y a menudo riesgos. No podemos permitir un mundo en el que desaparezca el derecho de un medio a tener una relación directa con la audiencia de ese mismo trabajo", mencionaba A. G. Sulzberger, editor de *The New York Times*, en una entrevista para el mencionado instituto británico.

Este periódico, líder mundial en suscripciones de pago en medios, es de momento el que se resiste a cerrar un acuerdo con OpenAI y ha denunciado a la compañía en un litigio especialmente relevante para toda la industria. El *NYT* argumenta en su demanda[8] que cuando OpenAI entrenó a sus modelos con contenido del periódico sin permiso infringió la legislación sobre copyright y, además, el producto que creó gracias a ello, ChatGPT, ahora compite con el periódico y está pensado para "robarle sus audiencias".

El periódico reconoce que intentó negociar con la tecnológica para permitir el uso de su trabajo pero que las negociaciones fracasaron (previsiblemente porque la suma económica que ofreció OpenAI se quedó muy lejos de lo que el periódico considera que vale su contenido). Por su parte, la empresa liderada por Sam Altman se defiende acogiéndose a lo que se conoce como "uso justo" (*fair use*, en inglés), una doctrina legal en el ámbito del derecho de autor que permite el uso limitado de material protegido por derechos de autor sin necesidad de obtener permiso o pagar por él, siempre y cuando se cumplan ciertas condiciones y criterios específicos, como las citas, críticas, la enseñanza o la investigación.

Algunos análisis[9] afirman que el *NYT* podría solicitar hasta 7.500 millones de dólares por daños y perjuicios, con lo que es lógico que no cerrara un acuerdo de solo unos pocos millones como se estima que han cerrado los *publishers* que han firmado con OpenAI,

---

[8] https://nytco-assets.nytimes.com/2023/12/NYT_Complaint_Dec2023.pdf
[9] https://www.theverge.com/2024/8/30/24230975/openai-publisher-deals-web-search

una inversión muy rentable por parte de la compañía participada por Microsoft si así logra evitar una cascada adicional de demandas.

Contratar abogados para arreglar el lío

Pero no solo las gigantes del sector tecnológico están moviendo el tablero mediático gracias a sus sistemas de IA. La *startup* Perplexity es una de las compañías que más tracción ha logrado, con quince millones de usuarios mensuales. Fundada por antiguos empleados de OpenAI, Meta y Quora, utiliza modelos de lenguaje natural para alimentar su principal funcionalidad: un buscador basado en IA que parece competir tanto con Google en las búsquedas como con los medios en cuanto a consumo de información. Perplexity es capaz de rastrear información actual, al contrario que ChatGPT, y su interfaz es más parecida a la de un buscador que a la de un *chatbot*. Entre las últimas funcionalidades lanzadas se encuentran la posibilidad de crear y publicar páginas con formatos similares a los artículos basadas en información generada por IA, rastreando numerosas fuentes e incluso un *feed* de noticias en una pestaña separada titulada "Descubrir".

En junio de 2024, la compañía, que está valorada ya en 3.000 millones de dólares, fue acusada por Forbes[10] de haber publicado un resumen elaborado por IA de una exclusiva que la revista había publicado bajo su *paywall* sin apenas citar la fuente y utilizando la ilustración original del artículo. Poco después, Condé Nast envió una carta[11] para que la empresa dejara de usar su contenido en sus resúmenes por violar los derechos de copyright, y Wired destapó que Perplexity había estado rastreando el contenido de medios que incluyen en el código de sus webs que los *crawlers* no accedan a sus páginas. El CEO de Perplexity tuvo que reconocer que está

---

[10] https://www.forbes.com/sites/sarahemerson/2024/06/07/buzzy-ai-search-engine-perplexity-is-directly-ripping-off-content-from-news-outlets/

[11] https://www.theinformation.com/articles/cond-nast-sends-cease-and-desist-letter-to-ai-search-engine-perplexity

usando *crawlers* de terceros para acceder al contenido de los medios y que fue una de estas empresas la que no ignoró el código que ordena no rastrear las páginas.

La compañía, al igual que OpenAI, ha asegurado que el uso de artículos de los medios en su plataforma recae en la doctrina de "uso justo" de las normas de copyright, aunque para calmar los ánimos también ha recurrido a abrir la cartera y ha anunciado un programa de ingresos compartidos (*revenue share*) en el que compartirá con los medios un porcentaje de los ingresos por publicidad que generen sus artículos creados con IA a partir del contenido original de los primeros.

Estas infracciones generalizadas de las normas de propiedad intelectual por la mayor parte de los sistemas de IA no son ya una sorpresa. Hasta el propio ex CEO de Google, Eric Schmidt[12], aseguró el pasado agosto de 2024 en Stanford que las *startups* de IA hacen bien en robar contenido para probar si sus productos son exitosos o no, ya que si lo son, siempre podrán contratar abogados "para arreglar el lío".

La IA como aliada

Paradójicamente, el *NYT*, que ha abierto el mayor frente legal, es también uno de los medios que ha abrazado la inteligencia artificial para mejorar su negocio desde hace años, antes incluso de que explotara el boom de IA generativa. Su muro de pago dinámico, basado en la propensión de los usuarios a suscribirse mediante modelos de *machine learning*, ha sido imitado en gran parte del sector. Es evidente que la inteligencia artificial abre todo un campo de posibilidades y casos de uso que las empresas periodísticas pueden utilizar para mejorar su negocio, tanto desde el punto de vista de mejora de ingresos como de reducción de costes.

---

[12] https://www.theverge.com/2024/8/14/24220658/google-eric-schmidt-stanford-talk-ai-startups-openai

Entre los usos más habituales, los hay enfocados a mejorar la fidelización, como la recomendación de noticias según tus intereses, y la distribución, entre los que destacan sobre todo la posibilidad de traducir a otros idiomas o convertir automáticamente de un formato a otro, lo que amplía las posibilidades de alcanzar nuevas audiencias y mejorar la experiencia de los lectores.

"¿Nos imaginamos un mundo en el que cada artículo que producimos se pueda traducir a todos los idiomas de la Tierra? Podemos imaginarlo y es emocionante. ¿Nos imaginamos un mundo en el que cada artículo que escribimos se convierta automáticamente en audio y cada podcast que hagamos se convierta automáticamente en texto? Podemos imaginarlo y es emocionante. Esto hará que nuestro periodismo sea más accesible que nunca para más personas", explicaba Sulzberger en la entrevista mencionada anteriormente.

Sin embargo, todo indica que estas oportunidades no serán aprovechadas por igual. A medida que la IA va remodelando el ecosistema de los medios, comenzarán a aparecer "ganadores" y "perdedores"[13] de los cambios. Entre los primeros están aquellas compañías, esencialmente las más grandes e internacionales, con recursos para invertir en innovación, dedicar recursos internos y atraer y retener el talento. Entre los segundos pueden estar medios locales y del hemisferio sur, con más dificultades para poder invertir en tecnología y adaptarse a los cambios.

Curiosamente, una de las primeras compañías afectadas por la irrupción de la IA ha sido Axios, una *startup* que ha sido puesta de ejemplo en numerosas ocasiones como modelo a seguir en cuanto a su enfoque de negocio y narrativo. La empresa, especializada en realizar resúmenes de las noticias más relevantes de varios sectores empresariales con un público objetivo de profesionales y directivos, tuvo que anunciar el despido del 10 % de su plantilla.

---

[13] Felix Simon, Artificial Intelligence in the News. How AI Retools, Rationalizes, and Reshapes. Journalism and the Public Arena

En un correo interno[14], su CEO mencionó que "nunca ha habido un momento más complicado para los medios" y aludió expresamente a la habilidad de los sistemas de IA para resumir contenido como uno de los motivos que les ha llevado a esa situación.

La vuelta al periodismo clásico

En una de las primeras entrevistas que realicé para entrar a trabajar en un periódico (curiosamente en el que acabé trabajando muchos años más tarde), el ya veterano director me preguntó: "¿Qué fuentes tienes? ¿Tienes una buena agenda de contactos?"

Yo tenía 23 años y estaba recién salido de un periodo de beca en un periódico digital donde me había dedicado básicamente a crear contenido mezclando diferentes fuentes –agencias de noticias, otros periódicos, cortas llamadas telefónicas a fuentes oficiales para confirmar o desmentir un tema–, así que mi agenda era básicamente inexistente. Sabía crear titulares para internet, comenzaba a dominar el lenguaje digital, pero difícilmente iba a conseguir destapar una exclusiva como las que esperaba aquel señor de mirada inquisitiva.

Gracias al desarrollo de aquellas habilidades digitales logré hacerme un hueco en el sector, como otros muchos compañeros de generación que supimos aprender cómo optimizar un titular para posicionarlo en buscadores o, más tarde, intuir qué temas podían convertirse en virales en las plataformas de redes sociales.

Un par de décadas más tarde, la IA nos está dando la vuelta. Aquellos conocimientos que pensábamos que nos hacían diferentes a las anteriores generaciones son precisamente las que están siendo sustituidas por herramientas de inteligencia artificial: sugerencia de titulares, resúmenes explicativos, búsqueda de información contextual en internet o enlazado para mejorar la recirculación. Ese tipo de funciones empiezan a incorporarse a los CMS (*Content Ma-*

---

[14] https://www.nytimes.com/2024/08/06/business/media/axios-layoffs.html

nagement System) de los medios mediante herramientas de IA, liberando tiempo y capacidad para la función primordial por la que me preguntaba aquel director ahora octogenario: encontrar exclusivas y noticias que el público desconoce.

Dicho de otro modo, en una era dominada por la inteligencia artificial, el periodismo es encontrar información de interés que no esté ya en internet.

El material exclusivo permite diferenciarte del contenido redundante y, potencialmente, más replicable por las herramientas de IA, con lo que se verá más afectado por los nuevos hábitos de consumo. De esta forma, lo original impulsa la relación directa con los lectores y, de manera indirecta, también debería permitir a los medios que apuesten por él una mejor posición para negociar con las plataformas tecnológicas.

Varios estudios han llegado a la conclusión de que los modelos de Lenguajes de Gran Tamaño (LLM, por sus siglas en inglés) que están detrás de la IA generativa necesitan alimentarse de contenido original para seguir mejorando. A medida que los modelos van agotando la posibilidad de encontrar material original del que no se hayan nutrido aún en internet, la nueva información elaborada genuinamente por humanos se convertirá en más valiosa, según un estudio[15] de investigadores de la universidad de Cornell. Esto se debe a que si los modelos comienzan a alimentarse de información generada por IA generativa la calidad de estos datos decrece, con el riesgo de producir un "colapso del modelo", lo que debería convertir el contenido original de los medios en más valioso mientras se reduce el valor del que se basa simplemente en replicar lo que otros ya han hecho o publicado.

Pero invertir en reporteros, periodistas de investigación y búsqueda de exclusivas suena fácil pero no lo es en un entorno financiero muy complicado para el sector. Por ello, la apuesta de los medios por las herramientas de IA para mejorar la productividad de

---

[15] https://arxiv.org/abs/2305.17493v2

las redacciones y liberar a los periodistas de tareas de poco valor es, como decíamos, uno de los pilares para poder destinar más recursos al contenido original.

Sin embargo, el informe más exhaustivo sobre este tema, realizado por el investigador Felix M. Simons, arroja resultados dispares. "No se debe dar por sentado que la IA va a liberar a los trabajadores de noticias para hacer periodismo mejor o más profundo. Es muy probable que todo el tiempo que se libere sea inmediatamente rellenado con nuevas o adicionales demandas", explica Simons en las conclusiones de su investigación.

Tecnología de vanidad

Uno de los retos a los que se enfrentan las compañías del sector a la hora de incorporar herramientas de IA para mejorar sus productos y la productividad de sus empresas es que no se convierta en un "tecnología de vanidad". Nos referimos a que su uso no se enfoque a resolver problemas reales de negocio sino simplemente a su utilización simplemente por su atractivo como la tecnología de moda sin una idea clara de qué resultados se quieren obtener. "No necesitas una estrategia de IA, necesitas una estrategia de negocio que incorpore elementos de IA. Tiene que haber una necesidad, un objetivo en mente. No reformular tu negocio alrededor de la IA simplemente porque sí", explicó uno de los consultores que participaron en un evento organizado por Mx3[16] a finales de 2023.

Por tanto, las conversaciones no deberían girar en torno a qué herramientas de IA incorporar o comprar, sino en qué se quiere mejorar. Por ejemplo, ¿cómo puede la IA mejorar nuestra captación de tráfico, ayudarnos a lograr suscriptores o mejorar la fidelización de nuestra audiencia? Básicamente, se trata de incorporar una de las directrices de gestión de producto: comienza por identificar un

---

[16] Mx3 AI Event Report

problema o necesidad de tus clientes a resolver y después busca la funcionalidad o producto que lo remedie. Nunca comiences por implementar la solución (en este caso, la herramienta de IA de turno) sin tener claro qué vas a resolver con ello.

Velocidad en los cambios de consumo

Otro de los aspectos a tener en cuenta sobre cómo la IA afectará al negocio de los medios es la velocidad en los cambios de los hábitos de los usuarios. Mientras OpenAI comunica datos récord sobre el uso de ChatGPT –los últimos publicados hablan de 200 millones de usuarios activos al mes–, diversos estudios apuntan a que la tecnología todavía tiene por recorrer para convertirse en generalista, lo que podría dar margen de maniobra a los medios para adaptarse al nuevo ecosistema. En EEUU, un informe de PewResearch[17] indica que el 20 % de los adultos en el país habían usado alguna vez el *chatbot* hasta febrero de 2024, un crecimiento de ocho puntos porcentuales frente a un año antes. Otra investigación[18], en este caso del Reuters Institute, indica que menos de la mitad, el 45 %, de los adultos en 28 mercados dice haber escuchado mucho sobre IA. En ambos casos los porcentajes varían mucho según la edad de los consumidores, con mucho mayor uso en el caso de los usuarios más jóvenes.

Pese a estos datos, es más que probable que la generalización del uso de la IA generativa esté muy cercano con la anunciada integración nativa de estos modelos en los dispositivos de Apple, compañía que hasta ahora ha ido a la zaga en esta tecnología pero que tiene la capacidad de llegar a un público más generalista y cambiar realmente los hábitos de consumo.

---

[17] https://www.pewresearch.org/short-reads/2024/03/26/americans-use-of-chatgpt-is-ticking-up-but-few-trust-its-election-information/

[18] https://reutersinstitute.politics.ox.ac.uk/es/digital-news-report/2024/actitudes-publico-sobre-uso-de-la-IA-en-el-periodismo

Confianza en los medios

La proliferación de contenido generado con herramientas de IA podría agravar aún más el problema de confianza en los medios ya existente en gran parte de la población como viene atestiguando en los últimos años el informe *Digital News Report*, del Reuters Institute. En la publicación de 2024, el informe analiza cómo puede afectar a la confianza el uso de los modelos de IA generativa en las audiencias del sector. Una mayoría de encuestados manifiestan sentirse incómodos con contenido generado "principalmente" por IA mientras que aprueban que los periodistas utilicen estas herramientas durante la elaboración de sus informaciones. En un punto intermedio estaría la aprobación de usar los modelos de inteligencia artificial generativa para distribuir los contenidos de una manera diferente, como *chatbots* o resúmenes.

En cuanto a los formatos generados con apoyo de la IA, el texto y las ilustraciones o gráficos son los más aceptados mientras que las fotografías y los vídeos son los que generan mayor rechazo. La aprobación también varía según los temas tratados, ya que la audiencia parece estar más cómoda con la participación de la IA en la generación de contenido *soft* que en el caso de temas más duros, como la política o la economía.

Curiosamente, la marca también parece un factor determinante. "La gente que confía en medios determinados (sobre todo, aquellos a los que describen como respetables y prestigiosos) también tiende a estar más abierta al uso de la IA por parte de esas organizaciones. Por otro lado, las audiencias que ya son escépticas o cínicas con respecto a algunos medios pueden ver aún más erosionada su confianza debido a la implementación de estas tecnologías", explica el informe.

En conclusión, si las predicciones sobre el impacto de la IA se confirman a medio plazo, el sector mediático se tendrá que adaptar a un nuevo ecosistema digital con un internet más cerrado que se desarrolla principalmente en entornos delimitados, como las conversaciones con *bots* inteligentes. Esto provocará un cambio en el paradigma de los últimos años en el que los medios han peleado por lograr las mejores posiciones en los resultados de búsqueda, intentando cubrir el mayor número de temas posibles (hemos llegado a ver cómo medios deportivos se han convertido en generalistas, por ejemplo) para iniciar una tendencia en sentido contrario.

En este sentido será esperable la transformación de ciertas compañías actuales en medios *boutique*, más pequeños en tamaño -también seguramente en su número de empleados para hacer frente a la caída de ingresos que derivaría por la caída de tráfico desde buscadores- y mucho más especializados en cuanto a su contenido. Esto les permitirá mantener audiencias más pequeñas que las actuales pero manteniendo los lectores fieles, susceptibles de convertirse en suscriptores de pago y cuyo origen sea el tráfico directo, a la vez que la estrategia editorial se centra en crear información original que genere interés también para las grandes corporaciones tecnológicas.

Asimismo, los medios se verán obligados a apostar aún más por la diversificación de ingresos, una vía que ya se viene explorando en los últimos años y que va a convertirse en más indispensable. Celebración de eventos, acuerdos de licenciamiento de contenido, membresías y suscripciones, creación de agencias de marketing para responder a las necesidades de marcas son los principales campos explotados por el momento. En todos ellos el valor de la marca tiene un peso especialmente relevante, algo que encaja perfectamente con el desarrollo de contenido de valor.

Eficiencia vs. Originalidad: el impacto de la IA en la comunicación publicitaria

César Alonso

> *"La mitad del dinero que gasto en publicidad*
> *se desperdicia; el problema es que no sé qué mitad",*
> *lamentaba John Wanamaker.*
> *La IA posiblemente ponga fin a este lamento.*

Prólogo: del quién soy al por qué de este capítulo

Hablar de quién eres y lo que haces se convierte en un reto, sobre todo cuando intentas contarlo en cuatro líneas. Y es que, a pesar de los años que llevo trabajando en el ámbito de la transformación digital y con la experiencia que tengo en estrategias de comunicación, publicidad y marketing, prefiero verme como un becario en continuo aprendizaje, y un apasionado por este amplio sector que abarca desde el marketing digital hasta la tecnología.

Desde pequeño me apasionaba la tecnología, arrancando con los primeros Spectrum[1] pasando por los Comodore 64[2] y, cómo no,

César Alonso es economista. Experto en tecnología, inteligencia artificial y marketing digital. Actualmente es Media Manager con experiencia en el sector de las telecomunicaciones.

[1] El ZX Spectrum fue lanzado en 1982 y rápidamente se convirtió en un fenómeno en el mercado de los videojuegos domésticos.

por el todo poderoso Amstrad [3] CPC 464 donde se podían hacer los primeros "pinitos" como programador en Basic. Este caldo de cultivo de los años 80 y principio de los 90 no era nada comparado con la irrupción que causó internet en nuestras vidas y que, en mi caso, no llegó hasta finales del siglo XX.

Actualmente soy responsable de medios y contenidos en una empresa de telecomunicaciones líder del sector. Mi trabajo me apasiona cada día porque me permite aprender y desarrollarme profesionalmente en un ámbito tecnológico sin precedentes, estando al día de los principales desarrollos y de las mejoras continuas que se pueden aplicar en el corto plazo.

El otro día me dijeron una frase que me hizo ver en perspectiva el trabajo de los que gestionamos equipos. Por un lado, necesitamos liderar de una forma empática y dirigir todos los esfuerzos a la consecución de los objetivos; y, por otro, lo más complicado, tenemos que ser capaces de gestionar los "egos" de cada una de las personas que nos rodean y que interactúan con nosotros en el día a día: proveedores, clientes, jefes, compañeros... Y no pensemos solo en reconocimiento por un trabajo bien realizado, sino que busquemos la forma de empatizar, desarrollar y cocrear con cada una de las personas con las que interactuamos.

La gestión positiva del ego es directamente proporcional a una mejora en la colaboración, un aumento de la motivación y una reducción significativa de los conflictos. Y, ¿por qué hablamos de egos, de equipos y de relaciones cuando el foco es la IA?

La verdad es que desde mi punto de vista todo está interrelacionado, y la gestión de las inteligencias artificiales dentro de un

---

[2] C64, fue un ordenador personal de 8 bits lanzado al mercado en 1982. Se considera uno de los ordenadores más vendidos de la historia, con ventas que oscilan entre 12,5 y 17 millones de unidades hasta que se dejó de fabricar en 1994. Su popularidad se debió a su bajo costo y a sus capacidades gráficas y de sonido, que eran superiores a muchos de sus competidores de la época.

[3] El Amstrad CPC 464 de 8 bits destacó por ser uno de los primeros ordenadores domésticos que incluía un monitor a color y un cassette integrados en un solo paquete, lo que facilitaba su uso y configuración para los usuarios.

equipo multidisciplinar debe ayudar no solo al incremento productivo sino a la mejora del "ego personal" por la mejora en el desempeño y, por tanto, en el reconocimiento del trabajo bien hecho. En plena revolución, quien no utilice estas capacidades como aliadas en su día a día se quedará estancado y dejará de ser competitivo, produciendo frustración y desmotivación.

El cambio que supuso la irrupción de internet en el mercado residencial, y la capacidad de acceder a un nuevo "mundo" de posibilidades desde tu propio hogar, es perfectamente comparable con el lanzamiento de la IA y su apertura al mercado de hogares. Estamos en los inicios que podríamos comparar con la tecnología de conectividad RDSI que proliferó a principios del siglo XXI y que evolucionó con los años al ADSL y posteriormente, multiplicando exponencialmente su capacidad, a la fibra. En términos de IA estamos en los primeros compases, pero la capacidad de evolución de la IA es completamente geométrica, lo que permitirá una revolución industrial similar a la que hemos tenido en los últimos 50 años, pero condensada en dos o, a lo máximo, tres años.

En los últimos años, he tenido la oportunidad de observar de cerca cómo la inteligencia artificial (IA) ha comenzado a transformar de manera profunda la comunicación publicitaria. Como alguien que trabaja en la intersección entre medios, tecnología y creatividad, he visto de primera mano cómo no solo está cambiando la manera en que se crean y distribuyen los mensajes, sino también cómo está redefiniendo el rol de toda la industria.

Hace no mucho tiempo, la creación de una campaña publicitaria era un proceso en gran parte manual y basado en la intuición. Los creativos se reunían en salas de juntas, generaban ideas, probaban conceptos y, finalmente, lanzaban campañas al mercado con la esperanza de conseguir cumplir el *brief* del cliente, impactar de manera eficiente al potencial usuario del producto, y generar recuerdo y ventas para la marca. No nos olvidemos que el objetivo de cualquier campaña, sea del tipo que sea, es generar conocimiento, recuerdo y por tanto ventas del producto o de la marca publicitada.

Esa dinámica que comentábamos ha cambiado radicalmente. La IA nos permite analizar grandes cantidades de datos en tiempo real, identificar patrones de comportamiento en nuestros consumidores y, lo más importante, personalizar mensajes a un nivel que antes era inimaginable.

Tomemos como ejemplo algo tan simple como los anuncios en redes sociales. Antes, una campaña publicitaria podía dirigirse a grandes grupos demográficos, por ejemplo: «hombres de 18 a 34 años interesados en deportes». Ahora, con la IA y su gran capacidad de análisis de grandes volúmenes de datos, podemos ir mucho más allá. Podemos identificar a un subgrupo específico, como «hombres de 25 años que recientemente han mostrado interés en ciclismo de montaña y que han interactuado con contenido relacionado con nutrición deportiva». Esto no solo mejora la relevancia del anuncio, sino que aumenta considerablemente las posibilidades de conversión. Y lo más interesante es que este nivel de personalización ocurre de manera automática y en tiempo real, algo que simplemente no era posible hace unos años.

Pero esto es solo el comienzo. En el futuro cercano, la IA podría llevarnos aún más lejos. Imaginemos un mundo donde las campañas publicitarias no solo se ajusten en tiempo real, sino que también aprendan de cada interacción con el consumidor, mejorando y evolucionando constantemente, sin necesidad de intervención humana. Los anuncios podrían convertirse en experiencias dinámicas y personalizadas que no solo capturen la atención, sino que también anticipen las necesidades y deseos de los usuarios. Por ejemplo, un anuncio de una tienda de ropa podría cambiar automáticamente para mostrar prendas que combinan con las últimas compras del usuario, o sugerir nuevas tendencias basadas en su historial de navegación, el clima, el estado anímico…

La IA también está abriendo la puerta a nuevas formas de creatividad. Los creativos ahora tienen herramientas que les permiten explorar ideas: desde asistentes de redacción que generan múltiples versiones de un texto, hasta algoritmos que sugieren las mejores combinaciones de imágenes y colores según las preferencias del público objetivo. En este sentido no reemplaza a la creatividad humana sino que la amplifica, permitiendo a los creativos centrarse en lo que mejor saben hacer: contar historias poderosas.

En este capítulo quiero compartir mi visión sobre cómo la IA está transformando nuestra vida diaria en el mundo de la comunicación publicitaria. Lo estamos viendo en todos lados, desde la creación de contenido hasta la segmentación precisa de audiencias y la optimización de campañas. Por ejemplo, ahora podemos generar distintas versiones de un anuncio, cada una pensada para diferentes grupos de personas, y ajustar nuestra estrategia en tiempo real según cuál esté funcionando mejor. Esto nos da una agilidad y efectividad en nuestras campañas que antes nos habría llevado semanas de análisis y ajustes.

En resumen, la IA está aquí para quedarse, y su impacto en la comunicación publicitaria solo va a hacer una cosa, crecer. Como profesionales del sector, tenemos la oportunidad y la responsabilidad de aprender, adaptarnos y utilizar estas herramientas para crear campañas que no solo sean efectivas, sino también significativas. El futuro de la publicidad es emocionante, y la IA está en el centro de esta evolución. La clave será combinar lo mejor de la tecnología con el toque humano que siempre ha definido nuestro trabajo.

La revolución silenciosa: mi primer encuentro con la IA

Sam Altman[4], al que todos conocemos como el padre de OpenAI, lanzó una afirmación hace 2 años que parece que no iba muy desencaminada:

> Hace una década, todos creíamos que la IA primero impactaría en el trabajo físico, luego en el trabajo cognitivo y

---

4 https://es.wikipedia.org/wiki/Sam_Altman. Ceo de OpenAI es una empresa de investigación cuyo objetivo es promover la inteligencia artificial de una manera que probablemente beneficie a la humanidad en su conjunto, en lugar de causar daño.

quizás algún día podría hacer trabajo creativo. Ahora parece que va a suceder en el orden opuesto.

Series como *Mad Men*[5], ambientada en la «era dorada» de la publicidad de los 60, muestra un tiempo en el que la industria publicitaria estaba en pleno auge y la creatividad y las grandes campañas publicitarias tenían un impacto significativo en la cultura popular. En esta serie ya nos mostraban el proceso de generación de campañas publicitarias que se ha estructurado de manera similar durante todos estos años. Partimos de un *briefing*, documento que nos ayuda a entender lo que queremos ofrecer al cliente, cómo es el producto, a quién nos dirigimos, cuáles son los valores de la marca y qué objetivo perseguimos. Este documento es el punto de partida de la estrategia de comunicación que marca los procesos de trabajo de la creatividad, los medios y el contenido.

Otra de mis pasiones es la formación, ya que me permite mantener vivo el espíritu "curioso" del aprendizaje continuo. Cuando pregunto a mis alumnos, normalmente directivos o emprendedores digitales con amplio conocimiento en marketing, si tuvieran que priorizar una variable para realizar una campaña exitosa, ¿cuál sería la primera del ranking? Siempre sale la misma… LA CREATIVIDAD. No tengo duda que es una variable importantísima para conseguir llamar la atención de tu cliente, pero si tenemos que jugárnosla a gastar nuestro tiempo y dinero en conseguir los objetivos marcados en la campaña, la primera variable que tendríamos que priorizar es la definición y localización del target, o lo que comúnmente llamamos LA TARGETIZACIÓN. ¿Quién es el cliente que quiere mi producto? ¿Cómo se comporta? ¿Dónde puedo localizarlo?

Hasta 2014 el medio digital era un medio más. El medio rey era la televisión, acompañada de la radio y la publicidad exterior.

---

[5] https://es.wikipedia.org/wiki/Mad_Men, seria publicitaria por excelencia ambientada en los años 60.

Hasta esa fecha comprábamos inventario publicitario (o lo que conocemos como *banners*) a través de las agencias de medios, llamando por teléfono a los equipos comerciales y negociando tanto el volumen como el precio o la posición de ese *banner*. A partir de ese año la publicidad programática comenzó a ganar terreno, utilizando algoritmos muy básicos de IA para automatizar la compra de espacios publicitarios en tiempo real. Esto marcó un cambio radical en la eficiencia y precisión del *targeting* de anuncios.

Los inicios de la compra programática[6] en la publicidad digital no fueron sencillos. Se deterioró mucho la forma de vender este inventario por parte de los equipos comerciales de los grandes soportes y las redes publicitarias, apalancándose en el bajo coste (CPM[7]) en lugar de en las capacidades de segmentación y de inclusión de data que proporcionaba este tipo de compra. El inventario programático era lo que quedaba después de vender todo lo "bueno" de cada soporte: las portadas, los formatos en buenas posiciones de *scroll*, en general los impactos más cualitativos. Es por eso que, durante sus inicios, en el sector era denominada vulgarmente como la compra "problemática" o compra Bulk, es decir, lo que sobraba a coste bajo.

En 2015, con el crecimiento y las mejoras proporcionadas por los algoritmos basados en *Machine Learning*[8] aumentaron significativamente la calidad de las segmentaciones y por tanto vimos que generaba negocio traspasar presupuestos de compra en directo de inventario publicitario a compra programática basada en algoritmos y data. Tal y como lo explicábamos en los comités de dirección, conseguíamos optimizar inversiones no solo por impactar a

---

[6] Se basa en el uso de software y algoritmos que compran espacios de manera automática, en tiempo real. Esto permite que los anuncios se muestren a la audiencia adecuada en el momento adecuado, de manera más eficiente ya que integra Data durante todo el proceso.

[7] Coste por mil impresiones, q es la forma más común de comprar inventario publicitario digital.

[8] Consiste en el uso de algoritmos y sistemas que aprenden de los datos para tomar decisiones más inteligentes y eficaces y por tanto ayuda a identificar y agrupar a las personas que tienen más probabilidades de estar interesadas en un producto.

los *targets* propensos a utilizar nuestros productos, sino por dejar de impactar a los que ya los tenían. Este tipo de "ahorro" solo lo podríamos conseguir en digital utilizando y poniendo en valor la data propia de cada anunciante, lo denominado *First Party Data*.

Los últimos avances en IA, y concretamente en *Machine Learning*, han dejado más que claro que las máquinas pueden aprender de su entorno y optimizarse de forma continua. Dicho de otra forma, son "inteligentes", teniendo en cuenta que, según la definición de la Real Academia Española de la Lengua, la inteligencia es la capacidad de entender o comprender y de resolver problemas.

Durante 2016 aparecieron nuevos usos de la IA aplicada a la publicidad y en general al Marketing. Fue el año de los *chatbots* con gran foco en la Atención al Cliente. El uso de *chatbots* impulsados por IA se popularizó permitiendo a las marcas interactuar con los consumidores de manera más eficiente. Estas herramientas comenzaron a integrarse en plataformas de mensajería y sitios web, mejorando la atención y la personalización de las interacciones con el cliente.

Los Avances en el Análisis Predictivo no llegaron hasta finales del 2018. Comenzamos a utilizar la IA para entender el rendimiento de campañas publicitarias antes de su lanzamiento. Esto permitió a las empresas ajustar sus estrategias de manera anticipada y demostró la mejora de cada euro invertido en compra con Data.

La Personalización Hiperespecífica empezó a dar sus primeros frutos. La combinación de Big Data + Inteligencia Artificial, permitió crear campañas de marketing extremadamente personalizadas. Empresas como Amazon, Netflix o Movistar+ comenzaron a utilizar algoritmos para dar recomendaciones de contenidos y anuncios a gran escala basándose en el comportamiento individual de los usuarios, sus preferencias y gustos.

Las plataformas pasaron de hacer publicidad *one to many* a tener capacidad de realizar publicidad *one to one*. El problema en este caso se trasladaba a la parte creativa, ya que era necesario disponer de herramientas tecnológicas capaces de personalizar, además del soporte y el formato, el mensaje. En este momento aparecieron muchas tecnologías basadas en inteligencia artificial que permitían disponer de ese músculo creativo, herramientas con tecnología DCO[9]. Con este tipo de tecnologías el banner no existe físicamente, sino que se crea en tiempo real en función del usuario que se localiza en un momento determinado.

Por ejemplo, si compro programáticamente inventario de usuarios que estén interesados en máquinas de afeitar, se crearan distintas creatividades en función de si el usuario es un hombre de 18 a 35 años o un hombre de 45 a 60, y además podemos incluir distintos niveles socioeconómicos para cada uno de estos *targets* de edad y, por tanto, los *copies* (mensajes), las imágenes utilizadas o los CTAs (*clic to action*) serán distintos.

Actualmente el uso de la IA para el Análisis de Sentimientos en Redes Sociales es algo en lo que se sigue avanzando para poder perfeccionarlo. El principal desafío es la interpretación correcta del contexto y la ambigüedad inherente al lenguaje humano. Por ejemplo, la frase «Es tan buena que es mala» puede resultar confusa para un algoritmo de IA que podría interpretar incorrectamente el sentimiento como positivo o negativo, dependiendo del enfoque. Este tipo de problemas es común en el análisis de ironía, sarcasmo o en expresiones que dependen del contexto cultural o situacional. Un tweet que dice «¡Gracias por cortarme la fibra, hoy me doy vacaciones!» puede ser interpretado erróneamente como positivo, cuando en realidad expresa frustración.

A nivel de desarrollo publicitario, es la aparición de las IA generativas en 2022, y su apertura al mercado residencial, lo que nos ha permitido marcar un hito puesto que, como ya conocemos, tienen capacidad de crear desde la "nada" tanto contenido creativo (texto, imágenes, música) como estrategias o segmentaciones.

---

[9] Optimización Creativa Dinámica, utiliza datos sobre los usuarios, como su ubicación, comportamiento, historial de compras, o incluso el clima para generar anuncios personalizados al instante.

Este es el punto de partida en el que nos encontramos actualmente y sobre el que nos vamos a apalancar en el próximo epígrafe.

Catalizador creativo. ¿Puede una máquina ser realmente creativa?

La respuesta a esta pregunta no es fácil, pero desde mi punto de vista la IA no reemplaza la creatividad humana, sino que la amplifica y acelera. En el corazón de cualquier campaña publicitaria efectiva se encuentra una gran idea. Tradicionalmente, estas ideas han nacido del ingenio humano, pero en la era digital, herramientas de inteligencia artificial generativa (IAG) están ampliando las posibilidades de lo que los creativos pueden imaginar y producir. Por lo tanto, ¿es enemigo o aliado de los creativos?

Mientras algunos perciben estos progresos tecnológicos como un riesgo para la autenticidad y la capacidad creativa del ser humano, otros los contemplamos como instrumentos muy valiosos para amplificar y enriquecer el potencial creativo. A lo largo de mi experiencia en estos dos últimos años con equipos creativos, creo que aunque su uso no está totalmente generalizado sí que ayuda a estresar conceptos creativos e incluso a iterar; no solo asisten en la generación de ideas, sino que lo hacen a una velocidad y con una variedad que supera con creces las capacidades humanas. Las IAG puede producir un sinfín de variantes de un concepto creativo en cuestión de segundos, ofreciendo perspectivas que un equipo humano podría tardar días en desarrollar.

Nos surgen varias dudas que tendremos que ir cuestionándonos según avance la tecnología y, sobre todo, según avance nuestro conocimiento sobre ella: ¿es la creatividad únicamente la generación de algo nuevo y original, o también implica un proceso de innovación y resolución de problemas?

Desde mi punto de vista es parte de los dos mundos. La creatividad no se limita únicamente a la generación de algo nuevo, es un concepto mucho más amplio que también implica un proceso de innovación y resolución de problemas. La verdadera creatividad se encuentra en la capacidad de tomar ideas o elementos existentes y combinarlos de manera novedosa para resolver problemas de una forma efectiva y única. Es el proceso de identificar oportunidades donde otros no ven nada, de conectar puntos aparentemente inconexos, y de dar forma a soluciones que no solo son nuevas, sino también relevantes y funcionales en un contexto determinado.

Teniendo en cuenta esta reflexión, ahora nos toca pensar en la particularidad de las creaciones generadas por IA: ¿son realmente originales o son el resultado de patrones aprendidos de datos existentes? Es decir, ¿la IA puede realmente innovar o se limita a combinar elementos preexistentes de forma novedosa?

La inteligencia artificial, tal como la entendemos actualmente, tiene una capacidad extraordinaria para combinar elementos preexistentes de manera novedosa, pero está limitada cuando hablamos de innovación en su sentido más profundo. La IA opera a partir de patrones y datos que ya existen, y su fortaleza radica en analizar, aprender y generar combinaciones que pueden parecer innovadoras, pero que, en realidad, son derivadas de la información con la que ha sido entrenada.

La verdadera innovación implica una comprensión profunda del contexto, de las necesidades humanas y de las implicaciones culturales, algo que la IA, por ahora, no puede lograr por completo. Puede ser una poderosa herramienta para asistir a los humanos en el proceso creativo e incluso en el desarrollo de ideas que no se habían considerado antes, pero la chispa de innovación, ese salto hacia lo desconocido o la capacidad de romper paradigmas de manera consciente y reflexiva, sigue siendo una prerrogativa humana. Por lo tanto, podemos afirmar, aunque no todo el mundo estará de acuerdo, que las creaciones generadas son el resultado de patrones aprendidos a partir de datos existentes. La IA no crea desde la nada, su proceso creativo se basa en la síntesis de grandes volúmenes de datos, aplicando modelos y algoritmos para producir algo que puede parecer original pero que en esencia es una recombinación de lo que ya ha visto y, por tanto, la originalidad en el contexto de la IA es relativa.

Las combinaciones que la IA genera pueden no haber sido vistas exactamente en esa forma antes, están fundamentadas en una base de datos preexistente. Por tanto, no se puede decir que las obras de la IA sean originales en el sentido tradicional del término que implica la creación de algo completamente nuevo y no derivado de ninguna fuente anterior.

Una vez que ya hemos analizado la creatividad desde el punto de vista de la originalidad o de la generación de patrones aprendidos tenemos que adentrarnos en las capacidades creativas que este tipo de algoritmos nos proporciona. Avanzando en estas reflexiones, ahora nos toca comparar la capacidad de la IA con el talento humano. ¿Es un sustituto de la intuición, la emoción y la experiencia humana o es un complemento?

Creo que todos tenemos clara la imposibilidad actual, dicho sea que no pongo la mano en el fuego para el futuro[10], de sustituir nuestras emociones, y por tanto debe ser vista como un complemento que potencia estas cualidades inherentemente humanas.

La *intuición,* esa capacidad innata de tomar decisiones rápidas basadas en una percepción profunda y en experiencias pasadas, es una cualidad única del ser humano. Las IA, aunque tengan capacidades extremadamente potentes en el análisis de datos, carecen de la capacidad de entender el contexto subjetivo y, sobre todo, las sutilezas emocionales que forman la intuición humana. Por ejemplo, un responsable de comunicación podría intuir que una campaña publicitaria se vinculará emocionalmente con el público y llegará de manera eficiente, basándose en una combinación de experiencia previa y conocimiento del mercado, algo que una IA podría replicar,

---

[10] Actualmente modelos multimodales como Chat GPT-o tienen la capacidad de entender las emociones o incluso empatizar con ellas pero no disponen de la capacidad de generar su propia emoción.

pero no al mismo nivel por muchos datos y entrenamientos que le hagamos. Hay un punto de "premonición" que te hace confiar sin tener toda la información de su parte. Algo que te hace "sentir» que un determinado mensaje "sonará" mejor en un mercado específico debido a su comprensión de la cultura local y las emociones predominantes, algo que un modelo de IA podría no captar debido a su dependencia en datos cuantificables y objetivos.

Las *emociones* juegan un papel central en la toma de decisiones humanas, especialmente en contextos que involucran empatía, creatividad y relaciones interpersonales. La IA, por su naturaleza, no puede experimentar emociones. Aunque puede analizar patrones de comportamiento y predecir respuestas emocionales, no puede sentir ni comprender las emociones igual que lo hace un ser humano.

Este ejemplo se ve claramente en el uso de *chatbots* en la atención al cliente; una persona puede empatizar con un cliente molesto, entender su frustración y ofrecer una solución que no solo resuelve el problema técnico, sino que también aborda la preocupación emocional del cliente. El *chatbot* podría ofrecer respuestas rápidas y precisas para solucionar el problema técnico, pero por ahora carece de la empatía necesaria para calmar y conectar emocionalmente con ese cliente malhumorado. Existe mucho debate en este campo si una simulación de emoción por parte de la IA demuestra una verdadera comprensión o sigue siendo artificial.

La experiencia es una acumulación de conocimiento práctico adquirido a lo largo del tiempo que permite a las personas tomar decisiones informadas en situaciones complejas y ambiguas. La IA puede procesar y analizar vastas cantidades de datos pero no puede reemplazar el juicio y la perspicacia desarrollados a través de años de experiencia en un campo específico.

La verdadera fortaleza radica en su capacidad para complementar las habilidades humanas, potenciando la intuición, la emoción y la experiencia, sin intentar sustituirlas. Al combinar la velocidad y precisión del análisis de datos de la IA con las organizaciones pueden lograrse resultados más completos y eficaces.

En la planificación estratégica de una empresa, la IA puede analizar grandes volúmenes de datos para identificar tendencias del mercado y prever escenarios futuros. Sin embargo, la decisión final sobre la dirección estratégica de la empresa debería involucrar la experiencia del equipo directivo, su intuición sobre las dinámicas del mercado y su capacidad para anticipar las reacciones emocionales de los consumidores.

Por lo tanto, podemos concluir que el verdadero valor que aporta se alcanza cuando se integran las capacidades de la IA con las cualidades humanas de intuición, emoción y experiencia. Debemos adoptarla como un complemento que amplifica nuestras capacidades y nos permite alcanzar un potencial aún mayor manteniendo nuestra esencia y diferenciación como seres humanos.

La convergencia de la IA y los medios: un nuevo horizonte en la publicidad

¿Imaginas una publicidad que se adapte a tus deseos antes incluso de que los expreses? Imagina un mundo donde los anuncios no son intrusivos sino personalizados y relevantes para cada individuo. Un mundo donde las campañas publicitarias se adaptan en tiempo real a las preferencias y el comportamiento de los consumidores, un mundo donde la publicidad es aceptada y los consumidores disfrutan viéndola independientemente del medio que la muestre. Pues bien, ¡¡ese mundo no existe!!... al menos, por ahora. No obstante, en los últimos dos años estamos dando pasos de gigantes para acercarnos al máximo a este planteamiento.

Preguntemos a quien preguntemos, la publicidad es incómoda, nos hace perder tiempo y de cada 6000 impactos[11] que recibimos al día tan solo retenemos el 5 %. Aun así, ¿es eficiente la publicidad?

---

[11] Según la consultora Neuromedia, recibimos 1 impacto cada 10 segundos siendo la publicidad una de las causas de la *infoxicación* que consiste en la intoxicación actual por el exceso de estímulos e información sea relevante o no.

Si rescatamos la afirmación de J.Wannamaker, la mitad de lo que invertimos parece que sí.

La inteligencia artificial está redefiniendo el uso que hacemos de los medios transformándola de una ciencia basada en históricos y tendencias a una ciencia impulsada por datos y algoritmos.

Desde que comencé a planificar campañas, hace más de 20 años, una de las afirmaciones que siempre me acompaña es que cualquier campaña de comunicación exitosa requiere de cuatro ingredientes básicos que no pueden faltar: una gran idea, una planificación cuidadosa adecuada al *target*, una ejecución precisa y una evaluación constante.

Los medios, tradicionalmente, se han dividido en medios *Off line* y medios *On line*. En el primer grupo se encontraba la todopoderosa Televisión, el exterior, radio, prensa, cine… y en el segundo "internet". Esta diferenciación obsoleta se sigue manteniendo en algunas agencias de medios que mantienen los equipos de operaciones separados para trabajar en función del tipo de medio. Esta segmentación, además de ser bastante antigua, nos aleja del concepto de Transmedia que tiene en cuenta la interacción con los clientes tanto en el mundo *On line* como en el mundo *Off line*. Hoy en día, las personas no distinguen entre lo que ocurre en un entono más digital *vs* un entorno más tradicional, simplemente viven sus vidas en un entorno mediático completamente integrado. Este cambio nos lleva a replantearnos cómo entendemos los medios y cómo debemos abordarlos desde una perspectiva más holística.

Según el último estudio de la IAB[12] de inversiones publicitarias, el sector supera los 8.000 millones de euros en 2024. Hace ya más de seis años que el medio digital es el primero en inversión, superando con creces a la televisión (4.9M millones *vs* 1,73M millones en TV).

Pero no nos hagamos trampas al solitario. Aunque Digital sea el nuevo rey de los medios, tengamos en cuenta que todo el proceso

---

[12] Internet Advertaising Bureau organización internacional sin ánimo de lucro que representa la industria de la comunicación, el marketing y la publicidad digital.

de digitalización que realizan los medios tradicionales revierte en aumentar la inversión en este medio digital.

Teniendo en cuenta todos estos datos y la importancia del medio digital en las campañas publicitarias, la IA nos proporciona un universo inimaginable de mejoras que poco a poco iremos implementando para hacer las campañas más disruptivas, eficientes y rentables.

Ante este nuevo modelo de planificación, ejecución y evaluación de campañas que acompañamos con mejoras basadas en inteligencia artificial, nos apalancamos en un factor que ha sido clave en el desarrollo de los algoritmos que alimentan estas plataformas: los datos.

Cuando hablamos de datos, hay una referencia muy representativa y que a nadie deja indiferente. Hablo de las etiquetas que aparecen en los paquetes de tabaco y que tantas veces hemos leído: "fumar causa impotencia", "cada cigarrillo quita 10 minutos de vida, fumar causa cáncer"… Este símil nos ayuda a explicar la gran problemática que nos ha surgido en el sector: "el exceso de Data… mata". Lógicamente ateniéndonos al contexto de ser capaz de hundir tu compañía o de no conseguir los objetivos esperados al centrarte en el análisis ingente de datos, que en el 99 % de los casos no son necesarios para la toma de decisiones.

Vamos a pensar en los datos como la gasolina que alimenta las tecnologías y sirve de ayuda en la capacidad de targetización para localizar a tu público objetivo. La compra programática[13] ha revolucionado la adquisición de espacios publicitarios digitales en España. Marcas como El Corte Inglés han sido pioneras en este aspecto utilizando plataformas de *Demand Side Platform*

---

[13] Programático, es la forma de comprar espacio para la publicidad online de forma automatizada en la cual mediante sistemas automatizados se consigue que la oferta y demanda en tiempo real intercambien sus necesidades. Es decir, se ofrece un espacio publicitario y mediante puja o acuerdo establecido la marca compra ese espacio en tiempo real para que salga su publicidad. Esto ocurre en 0,01 segundos y se realizan tantas iteraciones como compradores o formatos existan.

(DSP) para optimizar sus compras de medios en tiempo real. Según fuentes del sector, El Corte Inglés[14] ha logrado aumentar la tasa de clics, que mide el interés generado por un anuncio publicitario, en un 20 %.

Sin embargo, no todas las empresas están aprovechando esta oportunidad. Un estudio reciente de IAB Spain reveló que solo el 60 % de las empresas españolas utilizan compra programática de manera regular, lo que sugiere que aún hay un amplio margen de mejora en el mercado.

¿Qué ocurre con los datos y la inteligencia artificial? Ya hemos comentado que el hecho de tener datos no te da el conocimiento, de la misma forma el hecho de analizar cantidad ingente de datos no te consigue dotar de la intuición que solo el ser humano es capaz de activar, por ahora. En España parece que la apuesta aún no está consolidada y, aunque estemos a la cabeza a nivel de Europa, entre EEUU y China manejan el 90 % de las plataformas de inteligencia artificial. A diferencia de otras tecnologías que tardaron años en conseguir 100M de usuarios (Facebook 4,5 años, Whatsapp 3,5 años, Spotify 11 años…), ChatGPT en su lanzamiento al público residencial tan solo necesitó dos meses.

Con todo este panorama en continua ebullición la incorporación de los datos en la toma de decisiones es crucial. Las herramientas de IA nos hacen ser mucho más rápidos, pero en muchas ocasiones, menos precisos. ¿Cómo nos ayudan los datos que incluimos en las IA a mejorar las campañas, a planificar mejor, a poder adaptar nuestra creatividad al *target* que queremos y a elegir los soportes óptimos?

Podríamos comparar cualquiera de estas tecnologías con un chef en la cocina. Al principio, le das una receta y lo observas mientras cocina. Con el tiempo, este chef aprende tus gustos, experimenta con diferentes ingredientes y, eventualmente, puede

---

[14] http://bit.ly/3XeJJLn Unifica tecnología programática para realizar en tiempo real con Data de tiempo para adecuar la creatividad al target.

crear platos combinando ingredientes acordes a tus gustos que ni siquiera sabías que te podrían gustar. Este chef no es humano, pero ha aprendido a cocinar como si lo fuera gracias a toda la información, de recetas y preferencias, que le has dado.

Tengamos en cuenta que para que una IA funcione correctamente necesita, además de los datos, los algoritmos, que son esas recetas que la IA sigue para aprender de esos datos y mejorar con el tiempo. Por tanto, la utilización de algoritmos y datos para la optimización de campañas nos ayuda a:

1. Mejorar en el conocimiento de la campaña

Cuando incorporamos datos a una plataforma de inteligencia artificial estamos esencialmente alimentándola con información que le permite «aprender» sobre el rendimiento pasado y actual de nuestras campañas. Por ejemplo, datos como las tasas de clics, el tiempo de permanencia en una página o las conversiones proporcionan un panorama detallado de lo que está funcionando y lo que no. Cuando lanzamos varias campañas publicitarias para promover algún producto de nuestro extenso abanico de telecomunicaciones y analizamos los datos de todas esas campañas, la IA puede identificar patrones, como qué tipo de anuncios generaron más clics o qué segmentos de audiencia respondieron mejor. Esto nos permite refinar las estrategias y centrarnos en lo que realmente funciona, evitando repetir esfuerzos que no han generado interés o ventas.

2. Mejorar la planificación de los soportes

Teniendo en cuenta que los datos permiten que analicemos el rendimiento de cada soporte, que lo comparemos con el rendimiento de los competidores y que saquemos un ratio mínimo exigible que cada soporte debería cumplir para formar parte de futuras campañas. Se puede convertir en el megaplanificador de medios, pero siempre con aquellos datos que tienen sentido y dejando de lado intuiciones, políticas comerciales y preferencias o afinidades políticas que también, como no, podrían entrenarse.

3. Adaptación de la creatividad al 'target'

Puede analizar datos sobre el comportamiento del usuario, en la pieza creativa (tiempo de exposición, clics, *scroll* de página …) como en el aterrizaje de las campañas. Con toda esa información en tiempo real puede adecuar los modelos de propensión a la compra y crear modelos *Lookalike* [15]. A partir de aquí genera las preferencias de diferentes segmentos de audiencia para adaptar los mensajes creativos de manera más efectiva a cada uno de ellos (textos, imágenes, fondos, CTA[16]…).

4. Aceleración de la digitalización de los medios tradicionales

Haciendo zoom en la prensa, la IA puede analizar grandes volúmenes de datos de diversas fuentes (redes sociales, bases de datos, etc.) para identificar patrones y generar noticias básicas, como informes deportivos, resultados financieros o noticias locales. Esto permitirá a los periodistas centrarse en tareas más complejas como la investigación y el análisis en profundidad, mejorando la calidad de los entregables debido fundamentalmente a que externalizan las tareas cotidianas a la IA e internalizan las que generan más valor para contar historias, dar veracidad y exponer el pensamiento crítico que puede definir a cada periodista.

Está claro que la adopción de estas tecnologías en el sector publicitario es inminente y su uso marcará la diferencia entre las

---

[15] También conocido como audiencia similar, es una herramienta basada en algoritmos y datos que utilizan las plataformas publicitarias para encontrar nuevos clientes potenciales que se parecen a tus clientes actuales.

[16] Call to action, Es un elemento dentro de un anuncio, página web, correo electrónico o cualquier otro material de marketing que incita al usuario a realizar una acción específica.

marcas. Quienes no utilicen estas capacidades, no conseguirán optimizar su compra de inventario publicitario y seguirán con la "ceguera" de J. Wannamaker que comentábamos al inicio del capítulo.

La próxima frontera: ¿cómo cambiará la industria y los equipos de trabajo?

Respecto a la industria publicitaria, los cambios más significativos estarán vinculados a:

1. **Hiperpersonalización a gran escala:** ser capaces de ofrecer lo que le interesa al usuario en cada momento y conocer en qué situación del ciclo de compra se encuentra. Seremos capaces, con menos inversión, de mejorar los resultados.

2. **Mejora en la creatividad y el músculo creativo:** la automatización de tareas repetitivas y tediosas permite que los creativos se centren más en la conceptualización y en el desarrollo de ideas innovadoras. Herramientas de IA pueden analizar grandes cantidades de datos, identificar tendencias emergentes y proporcionar *insights* valiosos que pueden inspirar nuevas campañas. El uso de inteligencias artificiales generativas puede ofrecer versiones preliminares de textos, imágenes y vídeos, lo que podrá acelerar el proceso de creación.

3. **Personalización de contenidos:** al conocer los intereses de cada lector, la IA puede recomendar artículos personalizados creando una experiencia de lectura más atractiva y aumentando el *engagement*.

4. **Optimización de SEO:** los algoritmos de IA pueden analizar las tendencias de búsqueda y optimizar los contenidos para mejorar el posicionamiento en los motores de búsqueda, aumentando la visibilidad de los artículos.

5. **Detección de 'fake news':** puede ayudar a identificar noticias falsas al analizar el lenguaje utilizado, las fuentes y la veracidad de la información.

6. **Traducción automática:** ampliando el alcance de los medios y permitiendo a las audiencias acceder a la información en su lengua materna.

7. **Toma de decisiones** basada en datos en tiempo real y recomendaciones del algoritmo tras el aprendizaje sistemático.

8. **Mayor transparencia y eficiencia del sector:** tecnologías como el *blockchain* unida a la IA en la compra de medios, traerá una mayor transparencia en el proceso, reduciendo el fraude publicitario y garantizando que los anunciantes solo paguen por las impresiones que realmente tienen valor. Tecnologías de este tipo permiten que todos los datos de campaña que se recogen sean encriptados desde su origen hasta el destino, lo que aporta confidencialidad, y al ser grabados en la cadena de bloques (red pública Ethereum o similar) consiguen aportar otra de las características fundamentales de *blockchain*, "inmutabilidad", que consiste en que ningún dato puede ser modificado una vez grabado.

8. **Mejora en la atribución de canales y en la medición de sentimiento en redes sociales:** evolucionando el doble sentido y el entendimiento de las emociones humanas.

En términos de equipos de trabajo y personas:

Según el último estudio de Microsoft[17] sobre tendencias de los equipos en el uso de la inteligencia artificial, los empleados reconocen que les ahorra tiempo, impulsa su creatividad y les permite focalizarse en las tareas más importantes. No obstante, aunque el 79 % de los directivos de las grandes compañías, considera que adoptar la IA es crucial para mantenerse competitivos, un 59 % está preocupado por cómo medir las mejoras en productividad, que ésta aporta, y un 60 % además opinan que su empresa carece de una visión

---

[17] Informe de tendencias. Annual work trends index. https://bit.ly/3T5xnTD

clara y un plan definido para su implementación. Como resultado de estas tendencias, los empleados han tomado la iniciativa: el 78 % de quienes usan la inteligencia artificial están introduciendo sus propias herramientas en el entorno laboral, lo que se conoce como *Bring Your Own AI* (BYOAI). Esto es un riesgo altísimo para las empresas ya que trae implícitamente la pérdida de beneficios por no realizar un uso estratégico corporativo unificado y a gran escala, además de poner en riesgo la seguridad de los datos de la empresa.

Estaréis de acuerdo conmigo en que, en publicidad, la innovación y la ruptura de normas son a menudo claves para captar la atención del público. En este sentido, la IA presenta el riesgo de conducir a una homogenización del trabajo creativo si los equipos "abusan" y no incluyen el sesgo humano de la intuición, la idea brillante, la experiencia, y sobre todo la emoción. Dado que muchos algoritmos se basan en patrones y datos históricos, podrían terminar replicando enfoques y estilos que ya han demostrado ser exitosos, aunque podrían no seguir siéndolo... En este punto nos enfrentaríamos a una pérdida de la originalidad y la experimentación, conduciéndonos a una monotonía publicitaria que convertiría al sector en un mero "clon" de campañas repetitivas.

Conclusión. ¿Estamos perdiendo el control de la comunicación publicitaria?

La inteligencia artificial y el análisis de datos están redefiniendo fundamentalmente la compra de inventario publicitario. Desde la optimización en tiempo real de las campañas digitales hasta la transformación de los medios tradicionales, la IA está creando un panorama publicitario más eficiente, personalizado y efectivo. Las empresas que adopten estas tecnologías estarán mejor posicionadas para conectar con sus audiencias y maximizar el impacto de sus inversiones publicitarias en un mercado cada vez más competitivo y fragmentado.

Con todos los avances y tecnologías que tenemos alrededor, vivimos gran parte de nuestra vida en un entorno mínimo y personal que está recogido en 6,1 pulgadas (nuestros *Smartphones*). Ironías de la era digital, ¿verdad?

Esta creciente dependencia de los dispositivos móviles ha transformado radicalmente nuestros hábitos de consumo. Optimizar el diseño web para móviles es ya una necesidad imperiosa. El comercio electrónico, por ejemplo, ha visto cómo las conversiones desde dispositivos móviles se disparan. Las marcas más exitosas están apostando por estrategias de *storytelling*, *mobile-first* y creando experiencias visuales impactantes que guían al usuario de manera intuitiva hacia el botón de compra.

A medida que avanzamos hacia un futuro donde la IA será omnipresente en la publicidad, será crucial para los profesionales del marketing mantenerse actualizados con estas tecnologías y aprender a aprovechar su potencial. La clave del éxito residirá en encontrar el equilibrio adecuado entre la automatización impulsada por IA y el toque humano que aporta creatividad e intuición a las campañas publicitarias.

Hemos hablado en detalle sobre cómo la IA ha revolucionado el mundo publicitario, transformándolo de un arte lleno de intuición y corazonadas en una ciencia fría y calculadora, donde los algoritmos dictan qué debemos ver, comprar e incluso sentir. Hemos visto la transición desde aquellos días en los que los creativos publicitarios se rompían la cabeza ideando campañas que podrían o no funcionar, a un presente en el que basta con unos cuantos clics y mucha, pero que mucha, data para decidir el destino de una marca.

Pero no todo es color de rosas; resulta que la IA no solo es rápida y eficiente, también es peligrosamente buena en convertir la creatividad en una fábrica de réplicas. La misma tecnología que nos promete anuncios personalizados y campañas perfectas es la que podría llevarnos a un futuro de monotonía publicitaria.

Si no adoptamos estas tecnologías, estaremos atrapados en la ceguera de Wanamaker, gastando dinero sin saber en qué. Y en un mundo donde el exceso de data es casi tan malo como su ausencia. ¿La IA se convierte en el héroe o en el villano de nuestra historia? Ella puede ser tu chef digital, cocinando campañas a medida; pero ojo, porque un exceso de datos mal digeridos puede causar una indigestión empresarial de campeonato.

En resumen, estamos en un momento fascinante donde la comunicación, el marketing y la tecnología se entrelazan para definir el futuro inmediato; y ante esto, ¿cómo crees que la IA cambiará la relación entre las marcas y los consumidores?

Si John Wanamaker levantara la cabeza se quedaría boquiabierto al ver cómo sus lamentos sobre el dinero desperdiciado en publicidad podrían finalmente tener respuesta.

Las agencias creativas ante el auge de la IAG

Borja Martín-Lunas

La inteligencia artificial generativa (IAG) ha emergido como una tecnología disruptiva en múltiples sectores, y las agencias creativas no son una excepción. La integración de IAG en los procesos internos de estas agencias está revolucionando la manera en que trabajan, impulsando tanto la eficiencia operativa como la innovación creativa. En un entorno donde la creatividad y la rapidez son esenciales para el éxito, la adopción de la IAG está proporcionando a las agencias creativas una ventaja competitiva significativa, reduciendo los tiempos de las tareas operativas permitiendo más espacio para la ideación.

La IA no es nueva. Lleva con nosotros desde hace bastantes décadas y ha ido evolucionando a buen ritmo, creando «recomendadores» cada vez más personalizados, impulsando los asistentes virtuales como Siri o Alexa, ayudándonos con las herramientas de predicción de tendencias y análisis de datos, contribuyendo a crear sistemas de diagnósticos médicos asistidos o automatizando procesos robóticos. Lo verdaderamente novedoso es la IAG, una rama

Borja Martín-Lunas es licenciado en Marketing y Publicidad. Director del área de innovación en Dentsu Creative para España y Portugal. Anteriormente ha trabajado en Microsoft, Prisa y Orange.

avanzada de la inteligencia artificial que se especializa en crear contenido nuevo y original a partir de datos existentes. A diferencia de otras formas de IA que simplemente analizan o clasifican datos, la IAG puede generar textos, imágenes, música, vídeos y más, que son únicos y no copias directas de los datos de entrenamiento. Esta capacidad se basa en modelos de aprendizaje profundo, como redes neuronales generativas, que incluyen tecnologías como los Generative Adversarial Networks (GANs) y los modelos de lenguaje como GPT-4 de OpenAI. Estas herramientas pueden producir resultados que imitan de una manera tan convincente la creatividad humana que hasta han llegado por primera vez a superar el Test de Turing que evalúa la capacidad de una máquina para exhibir un comportamiento inteligente indistinguible del de un humano. Todo esto hace de la IAG una tecnología extremadamente valiosa para las agencias creativas.

Forrester ha publicado un informe basado en encuestas a agencias de publicidad. El informe de Forrester, según Marketing Dive, muestra que el 91 % de las agencias publicitarias en EE. UU. están empleando o evaluando la inteligencia artificial generativa. Existe una notable diferencia de adopción entre las agencias más grandes y las más pequeñas, con un 78 % de las grandes agencias utilizando la tecnología en comparación con solo el 53 % de las pequeñas. Más de la mitad de los encuestados cree que la IA generativa tendrá un impacto significativo en aspectos clave del ecosistema de sus agencias en los próximos dos años, a pesar de las preocupaciones sobre responsabilidades legales, infracción de derechos de autor, privacidad de datos y seguridad.

El informe indica que la IA generativa ya está causando disrupciones, siendo considerada por el 29 % de los encuestados una disrupción mayor que cambiará el negocio para siempre. Esta tecnología está encontrando un uso particularmente intenso en las agencias creativas, donde el 69 % de los encuestados ya la están utilizando. Además, los encuestados identificaron tres áreas principales del ecosistema de una agencia donde la IAG tendrá un impacto considerable: la forma en la que la agencia crea contenido (76 %), cómo va a ser la interacción de los consumidores con el trabajo creado por la agencia (69 %) y el tipo de contenido que una agencia produce para sus clientes (62 %).

A pesar de la adopción generalizada, se mantienen barreras importantes, destacándose las preocupaciones legales como la propiedad intelectual, la atribución y la infracción de derechos de autor. También se destacan la resistencia de los empleados y la falta de experiencia en IA como barreras significativas.

En Europa, IAB Europe y Microsoft Advertising acaban de publicar su estudio «Comprendiendo la Adopción y Aplicación de la IA en la Publicidad Digital». En este informe conjunto se revela una adopción significativa de la IAG en el sector de la publicidad digital. Según el estudio, un 91 % de los encuestados ya ha utilizado o está utilizando esta tecnología. Esto subraya la rápida integración de la IAG en las estrategias publicitarias actuales.

La IAG se está utilizando principalmente para desarrollar contenido y creatividades. El 75 % de los encuestados la emplea para la creación de contenido, mientras que el 70 % la utiliza para generar creatividades publicitarias. Esto indica que la IAG está desempeñando un papel crucial en la producción de materiales publicitarios, permitiendo a las empresas crear contenido de manera más eficiente y efectiva.

A pesar de la alta tasa de adopción, el informe destaca una necesidad significativa de educación adicional en la industria. Aunque muchos profesionales entienden los conceptos básicos de la IAG, el 89 % de los encuestados cree que la industria necesita más formación y recursos educativos para aprovechar plenamente esta tecnología. Esto sugiere que, aunque la IAG está siendo adoptada rápidamente, todavía hay una curva de aprendizaje considerable para muchos en el sector.

En términos de confianza, el informe revela que casi la mitad de los encuestados no tiene una opinión clara sobre la IAG, ni confían ni desconfían de ella. Sin embargo, un 78 % de los encuestados destaca la necesidad de políticas y regulaciones adicionales para aumentar la confianza en esta tecnología. Esto refleja una preocupación generalizada sobre la ética y la transparencia en el uso de la IAG, y subraya la importancia de establecer marcos regulatorios claros para su implementación. En resumen, el informe de IAB Europe y Microsoft Advertising muestra que la IAG está transformando rápidamente la publicidad digital, pero también destaca la necesidad de educación continua y regulaciones claras para asegurar su uso ético y efectivo.

En conclusión, aunque la adopción de la IAG está siendo muy rápida, parece que las agencias de publicidad más grandes la han adoptado más ampliamente que las pequeñas. Las agencias prevén un impacto significativo de la IAG en áreas clave como la creación de contenido y la interacción del consumidor. A pesar de esta rápida adopción, persiste una necesidad de mayor educación y regulaciones claras para asegurar un uso ético y efectivo de la tecnología, reflejando un periodo de ajuste y aprendizaje continuo en la industria.

IAG en el proceso creativo

La integración de la IAG en las agencias creativas está transformando los flujos de trabajo, optimizando procesos y potenciando la creatividad de los equipos. Aunque aún estamos en una etapa temprana de esta adopción, y se sigue explorando dónde puede aportar mayor valor en función de las constantes evoluciones, la IAG ya forma parte integral del día a día en las agencias.

Es importante recalcar que la IAG no es una herramienta a la que nosotros le podamos lanzar un *briefing* y nos devuelva una campaña. Es cierto que continuamente vemos pruebas realmente impresionantes de cómo la IAG es capaz de crear contenido. Eso nos puede inducir a error y pensar que la IAG es una herramienta al que el cliente le pueda pedir una creatividad y se la haga pudiendo sustituir a un equipo creativo, pero nada más lejos de la realidad. La creatividad publicitaria es mucho más que crear imágenes, textos o vídeos. La creatividad responde a unos objetivos, responde a una estrategia compleja del cliente, construye sobre el pasado para seguir avanzando en la consecución de sus objetivos.

Pero lo que la IAG sí ha demostrado es el ser una gran ayuda a los equipos creativos en varios momentos de sus procesos de ideación, a la hora de generar ideas o en el momento de plasmarlas en bocetos para enseñar a cliente.

Generación de ideas y 'brainstorming' asistido por IA

Cada vez estamos aprendiendo a utilizar más y mejor la IAG en la fase inicial de la gestación de las ideas dentro de los equipos creativos. La IAG se está abriendo hueco en la parte del proceso más creativo y, por qué no decirlo, más humano. Y lo está haciendo de una manera muy natural y aportando valor.

Antes de cualquier sesión de *brainstorming*, es esencial contar con información relevante y actualizada. La IA puede automatizar esa recopilación y el análisis de datos, proporcionando *insights* interesantes que pueden inspirar nuevas ideas. La IA puede «escanear» millones de artículos, estudios de mercado y tendencias en tiempo real, sintetizando la información más relevante para el equipo creativo. Esto asegura que las ideas se basen en datos sólidos y estén mejor alineadas con las tendencias actuales del mercado. Un ejemplo muy significativo de esto es lo realizado en Dentsu para llegar a entrenar una IA con miles de informes internos sobre los gustos, tendencias y actitudes de las diferentes generaciones. Ahora podemos utilizar esa IA a modo de *focus group* para obtener información detallada sobre cómo las diferentes generaciones piensan o siente acerca de un tema, producto, servicio o concepto. ¿Sustituye esto a los *focus group*? No, ni mucho menos. Pero en el proceso de *brainstorming* nos puede aportar esos *insights* en tiempo real que enriquezcan el debate creativo.

Aunque se ha hablado mucho de la ayuda de la IAG a la hora de enfrentarse al reto del «folio en blanco» y de su capacidad para producir una lista de conceptos o frases que los equipos creativos pueden utilizar como punto de partida, creo sinceramente que aquí no aporta demasiado valor. Los conceptos y frases que generan están lejos de ser muy creativas. Son más bien planas y no aportan mucho valor. Sin embargo, la IAG sí que contribuye a conectar conceptos que, a primera vista, podrían parecer inconexos. Puntos que en nuestros cerebros humanos están en diferentes planos y nos costaría conectar. La IA los tiene todos en un solo plano y puede crear conexiones interesantes a partir de las cuales abrir caminos creativos a explorar. La capacidad de la IAG para aprender de ejemplos pasados y generar propuestas creativas puede agilizar el proceso de asociación de ideas, permitiendo que el equipo creativo se enfoque en el desarrollo y refinamiento de las ideas más prometedoras.

Cada vez será más frecuente la incorporación de algún recurso que maneje la IA a los procesos de ideación de los equipos creativos aportando valor al proceso en tiempo real.

Desarrollo de prototipos y maquetas con IA

En la agencia «vendemos» ideas. Para vender esas ideas al cliente es necesario materializarlas en *mockups*, en *storyboards*, en imágenes, e incluso en pequeños vídeos que ayuden al cliente a visualizar la idea facilitando su aprobación.

Este proceso de desarrollo de maquetas consume mucho tiempo y también consume muchos recursos: seleccionar imágenes de un banco de imágenes que puedan representar el concepto creativo, editarlas, montarlas, etc. Por tanto, se reduce el tiempo de «pensar», el tiempo de crear, porque hay que reservar este tiempo de producción previo a la presentación al cliente.

La IAG está revolucionado esta etapa, permitiendo una mayor rapidez, precisión y eficiencia en la creación de prototipos y maquetas. El poder generar imágenes a través de *prompts* que se acerquen más fielmente a la representación del concepto creativo en un tiempo significativamente menor, el poder crear vídeos con una calidad más allá de lo considerado como «suficiente» para presentar al cliente, el poder crear representaciones detalladas y precisas de un diseño, incluyendo colores, texturas y formas, permiten a los equipos creativos alargar los tiempos de ideación y creación que son los tiempos de auténtico valor, mejorando notablemente el resultado final.

Y es que la IAG nos permite incluso desarrollar maquetas funcionales que simulen el comportamiento y la interacción del producto, incluyendo la creación de prototipos interactivos de sitios web, aplicaciones móviles y otros productos digitales que permiten a los usuarios navegar y utilizar las funciones como si estuvieran completamente desarrolladas. Es por tanto crítica la integración de herramientas de IAG en los equipos creativos. Pero esto no es tan sencillo. En el punto de evolución de la IAG en el que estamos, tenemos que experimentar con el máximo posible las diversas herramientas que se lanzan al mercado. La evolución está siendo tan rápida que mes a mes vemos grandes diferencias entre unas y otras, o el lanzamiento de nuevas herramientas. Y estar continuamente probando herramientas para ver cuál se adapta mejor a la necesidad de cada momento consume también tiempo y recursos de los equipos creativos, y el aprendizaje continuo de los empleados exige un compromiso por parte de la compañía que hay que tener en cuenta. Pero, en este caso, la aportación de la IAG es tan clara y positiva que no cabe oposición ninguna a su adopción.

En definitiva, aunque el camino de integración de la IAG en las agencias creativas es complejo y requiere un esfuerzo continuo, los beneficios son innegables. La capacidad de la IAG para agilizar procesos y mejorar la calidad del trabajo creativo justifica plenamente su adopción, marcando un avance significativo en la forma en que se conceptualizan y presentan las ideas creativas.

Aplicación de la IAG a nuestros clientes

Hemos visto hasta ahora dónde la IAG aporta valor en el proceso de ideación de la agencia, pero la IAG aporta también mucho valor en lo que se refiere a la ejecución de proyectos.

Chatbots y Asistentes Virtuales para la Atención al Cliente

La experiencia del cliente es un factor crítico para el éxito de cualquier compañía. En este caso, la IAG viene a mejorar dramáticamente nuestra interacción con la compañía y claramente va a acabar con los listados infinitos de FAQ, con los filtros de búsqueda de información o con los horribles menús tipo árbol que tienes que ir recorriendo para llegar a una información que al final puede que no esté.

Las agencias creativas están trabajando ya en implementar esta tecnología como su canal principal de atención al cliente, después, por supuesto, de la atención humana. Pero la IAG cuenta aquí con beneficios muy importantes que aportan verdadero valor:

- Vamos a poder dirigirnos al asistente con un lenguaje natural. No hay comandos, no hay instrucciones. El usuario hace una petición concreta de qué es lo que necesita saber o de qué es lo que quiere, y la IAG tiene la capacidad de «entenderlo» y generar una respuesta adecuada.

- El asistente virtual va a responder también en un lenguaje natural y va a elaborar su respuesta basándose solo en la «Fuente del conocimiento» que hayamos creado para ella. Eso hace que tengamos seguridad sobre el nivel de calidad de la respuesta del asistente. No vamos a dejar que el asistente vaya a internet a buscar la respuesta, sino que vamos a restringir su conocimiento a los documentos con los que nosotros la hayamos entrenado.

- Uno de los beneficios más potentes desde mi punto de vista es la capacidad de modelar el tono de comunicación del asistente en base a su interlocutor. No es lo mismo dirigirnos a una persona mayor, que necesita una conversación más elaborada, que a un chaval joven que quiere una conversación telegráfica. Tampoco es igual la manera de usar el lenguaje de cada uno de ellos. Y esto la IAG lo hace realmente bien. Podemos ser capaces de parametrizar el tipo de comunicación que queremos utilizar en función del usuario, creando una experiencia realmente buena.

• Uno de los grandes problemas que tenemos cuando un usuario se enfrenta a un Asistente de voz con un menú tipo árbol (si quieres esto pulsa 1, si quieres esto pulsa 2…) es que le obligamos a escuchar locuciones infinitas y aburridas, le obligamos a seleccionar opciones que el usuario no tiene claro si corresponden o no a lo que él quiere, y en muchas ocasiones, la llamada se direcciona finalmente al humano que empieza de nuevo la conversación desde cero. La interacción con asistentes virtuales IA resuelven también este problema ya que no solo voy al grano de lo que yo quiero, pudiendo además repreguntar si es necesario sin tener que volver atrás y adelante, sino que la IAG es capaz de pasar un resumen de nuestra conversación en caso de que la llamada tenga que ser direccionada a un humano, dándole contexto y no minimizando la frustración del cliente.

• Y en cuanto a la interfaz, podemos ser todo lo creativos que queramos. Podemos darle a nuestro Asistente una apariencia humana tan real como queramos, una voz que esté alineada con lo que queremos, o ser tan creativos como queramos.

Es por tanto un área de mejora muy importante en la que las agencias trabajamos con nuestros clientes para transformarla rápidamente. La «paquetización» de este tipo de soluciones –Motor IA + Base del conocimiento + Interface– será un *commodity* en el corto plazo.

Personalización de la comunicación con los clientes

En un mercado saturado de impactos publicitarios, poder ofrecer una comunicación lo más personalizada posible a cada individuo se ha convertido en una ambición de agencias y clientes para poder captar y retener la atención de los usuarios.

La IA, a través del Machine Learning, ha ido evolucionado muchísimo la inteligencia de datos. Podemos recopilar y analizar datos de diversas fuentes, como interacciones en redes sociales, historiales de navegación web, compras anteriores, preferencias declaradas por el cliente y datos demográficos, y a través del Machine Learning obtener una visión integral del comportamiento y las preferencias del cliente. También el Machine Learning puede identificar patrones y predecir comportamientos futuros. Si un cliente ha mostrado interés en ciertos tipos de productos o servicios, la IA puede predecir qué otros productos podrían interesarle y personalizar las recomendaciones en consecuencia aumentando las probabilidades de conversión.

En definitiva, tanto el Machine Learning como el Deep Learning nos han permitido evolucionar la segmentación de las audiencias hasta obtener *clusters* más precisos, más homogéneos y más activables basados en una variedad de factores como comportamientos de compra, preferencias de contenido y datos demográficos. Esta segmentación detallada debería permitirnos crear campañas hiperpersonalizadas que son mucho más efectivas que las estrategias de marketing más generalistas.

Ahora que contamos con segmentaciones más granulares, tenemos que buscar formas de comunicarnos con ellos de una manera más personalizada. Si queremos hacer un *mailing* (Titular, texto, imagen, *call to action*) a cada uno de estos segmentos, tenemos que buscar alternativas al hacerlo con equipo humano. Realizar cada una de las creatividades a mano no escala y encarecería mucho la acción, y probablemente no compensaría el incremento en redención versus el incremento en costes de la acción, sobre todo si hay que hacerlo de manera recurrente.

La IAG viene a cubrir precisamente esa necesidad. La agencia creará plantillas predefinidas a mano que serán aprobadas por el cliente, y mediante la IAG se generarán los titulares, los textos, los

CTA's, e incluso las imágenes para adaptarse lo máximo posible a las características de cada *cluster*.

Las experiencias que hemos visto hasta la fecha arrojan resultados sorprendentes. Los titulares y los textos son más que buenos. No llegan ni mucho menos a ser como los creados por un *copy* humano, pero tienen calidad suficiente como para validarlos y hacer la acción escalable. En cuanto a la creación de imágenes, también hemos obtenido muy buenos resultados. Con *prompts* elaborados conseguimos imágenes que se integran perfectamente en las plantillas, que apoyan el mensaje y que se alinean con el libro de estilo de la marca. Además, combinando IA's conseguimos dotar esas imágenes de cierto movimiento que las hace mucho más atractivas y capta mejor la atención del usuario.

La pregunta entonces es: ¿Estamos listos para la implementación? Mi opinión es que aún no. La IAG aún no está lista para «encargarle» una comunicación de una marca y que se envíe sin supervisión humana. Y si es necesaria la supervisión, el proceso, aunque evidentemente mejora, sigue sin escalar. Pero, por otro lado, consideramos necesario avanzar en esta línea ya que los resultados son tan buenos que, a la velocidad con la que evoluciona la IAG, muy pronto será una realidad. Y aunque al principio será necesario una supervisión manual, luego bastará con una supervisión muestral, que cada vez será menor hasta llegar a automatizar este proceso.

Control de la creatividad de las comunicaciones en compañías multimercado

Las compañías que operan en varios mercados, locales o internacionales, y en el que existe la necesidad de personalizar las comunicaciones a clientes que se hacen a nivel global por cada mercado o incluso crearlas directamente en el mercado local, se enfrentan a problemas como el garantizar que todas las comunicaciones cumplan las *guidelines* de la marca, que los *assets* utilizados estén todos aprobados por el corporativo, etc.

Se lleva trabajando tiempo en la creación de DAMs (*Digital Asset Management*) que son sistemas para almacenar y mantener bajo control todos los archivos digitales de *media assets* (imágenes, vídeos, gráficos, logos…) de una empresa y poder acceder a ellos de forma eficiente y actualizada.

La IAG también nos está permitiendo evolucionar mucho estas herramientas. El etiquetado de todos los *assets* mediante IAG y sus herramientas de recomendación nos permite hacer una gestión mucho más rápida y eficiente de la base de archivos. De este modo permitiría a los mercados elegir la imagen más adecuada para la comunicación que quiera hacer. Además, la IAG también permite localizar las piezas globales para cada mercado traduciéndolas al idioma local rápidamente.

Adaptaciones de piezas multiformato

Un área en el que también estamos viendo muchos avances es en el de la adaptación de piezas digitales a los diferentes formatos publicitarios. Partiendo de uno o dos másteres, generar automáticamente la adaptación de piezas a los formatos necesarios incrementaría la velocidad del proceso y reduciría su coste. Hoy en día este proceso es muy manual.

Los resultados que hemos probado hasta el momento no son todavía implementables en el entorno real, pero sí que seguimos experimentando con ellos para ser capaces de, cuando estén suficientemente maduros, integrarlos en nuestra área de producción.

Creación de contenido para cliente final

Hemos hablado de la IA aplicada a los procesos internos de la agencia, pero también me gustaría hablar de la creación de contenido con IAG para el cliente final. Ya no solo usarla para la creación de bocetos creativos sino para la creación de piezas finales.

En los últimos meses hemos visto varias campañas publicitarias que se han apoyado en un uso innovador de la IA, demostrando cómo esta tecnología puede transformar la sociedad o la manera en que las marcas se comunican con su audiencia.

En este primer bloque me gustaría señalar campañas que han destacado por el enfoque creativo que se ha hecho de la IA.

- Una de las campañas más notables es "Create Real Magic" de Coca-Cola. Esta campaña invita a los fans a crear y compartir sus propias obras de arte utilizando herramientas de IA, fomentando la participación activa y la creatividad del público. Al permitir que los consumidores se conviertan en co-creadores, Coca-Cola no solo fortalece su conexión con ellos, sino que también genera contenido único y personalizado que resuena a nivel individual.

- Samsung, por su parte, ha lanzado la campaña "Unfear", que utiliza la IA para abordar el miedo y la ansiedad de las personas con TEA [Trastorno del Espectro Autista]. Gracias a la IA, «Unfear» es capaz de analizar el sonido exterior y activar la protección configurada por el usuario identificando y minimizando los ruidos externos que tantas molestias ocasionan a las personas con autismo. La *app* controla tanto el volumen de salida como la onda, y ajusta en tiempo real el volumen y la ecualización para suprimir esos ruidos que emergen eventualmente mientras se juega, se ve una película o se navega por redes sociales.

- Otra campaña innovadora es "La probabilidad Artois" de la marca Stella Artois, que ha creado un sofisticado algoritmo con IA capaz de analizar obras maestras de la pintura clásica y calcular la probabilidad que existe de que las bebidas allí retratadas sean de cervezas de la marca Stella Artois. Para determinar ese índice de probabilidad, Stella Artois se apoyó en parámetros como el año en que se pintó el cuadro, el color del líquido en la pintura o la forma del vaso que contiene la bebida en cuestión.

- La campaña "Exhibit A.i: The Refugee Account" es un ejemplo de cómo la IA puede ser utilizada para dar voz a los refugiados y aumentar la conciencia sobre sus experiencias. El objetivo era denunciar la dramática situación de los refugiados en los centros de detección en alta mar del Gobierno australiano y, aunque contaban con más de 300 testimonios de audio, no tenían ni una sola imagen. En esta campaña se utilizó la IA para generar imágenes basadas en los testimonios y crear narrativas impactantes y emotivas que fomentaran la empatía y la comprensión.

En el caso de Dentsu me gustaría destacar tres campañas:

- Cuando la Inteligencia Artificial Generativa comenzaba a ganar popularidad y veíamos las primeras versiones de Dall-E y Midjourney, en Dentsu ideamos una campaña creativa para el periódico deportivo *Panenka*, conocido por ser «el periódico deportivo que se lee». Aprovechando el Día Internacional del Libro, se nos ocurrió una idea innovadora: preguntarle a ChatGPT a qué equipo de fútbol creía que pertenecían los grandes escritores de la literatura clásica española. Nos interesaba saber, por ejemplo, de qué equipo sería Cervantes, Quevedo, Rosalía de Castro o Góngora. Gracias al entrenamiento específico que realizamos con ChatGPT, la IA fue capaz de argumentar a qué equipo de fútbol asociaba a cada uno de estos escritores. Pero no nos detuvimos ahí; dimos un paso más y le pedimos a Midjourney que generara imágenes de estos literatos vistiendo las camisetas de sus equipos correspondientes. La campaña resultó ser un éxito viral, atrayendo la atención no solo de los lectores, sino también de periódicos de la competencia como *As* y *Marca*, que se hicieron eco de la iniciativa.

- Las personas con síndrome de Parkinson tienen que realizar rutinas diarias de ejercicios faciales para minimizar la pérdida de movimiento de sus músculos faciales y, por tanto, sus expresiones. Estos ejercicios son incómodos de hacer y, sobre todo, generan una sensación un poco ridícula en las personas que lo hacen. *Scrolling Therapy* es un algoritmo que gracias a la IA es capaz de detectar y reconocer determinados gestos faciales y convertirlos en acciones. Aplicando *Scrolling Therapy* al uso de las redes sociales conseguimos que las personas con este síndrome pudieran navegar por las redes mientras hacen sus ejercicios. Cada gesto facial se convierte en una acción: hacer *scroll*, dar *like*, pasar de foto… De esta forma pueden hacer sus rutinas de una manera más divertida mientras se distraen con sus redes sociales.

- Visit Portugal es la agencia de turismo de Portugal, y uno de sus objetivos principales es la difusión de la cultura portuguesa, incluyendo la promoción de escritores de su literatura clásica. Además, Portugal busca proyectar una imagen de diversidad e inclusión a nivel global. En Dentsu hemos creado una campaña para Visit Portugal que utiliza inteligencia artificial para traducir libros de la literatura portuguesa a lenguaje fácil. Este tipo de lenguaje está diseñado para personas con discapacidad intelectual, facilitando su acceso a la lectura. Traducir libros a lenguaje fácil es, tradicionalmente, un proceso manual que resulta costoso y lento. Sin embargo, con esta solución de inteligencia artificial logramos reducir significativamente los tiempos de traducción y abaratar los costos, haciendo que más personas puedan disfrutar de la rica literatura portuguesa.

En todos estos casos hemos visto la utilización brillante de la IA para generar notoriedad en las marcas. Pero quiero referirme también al uso que se está haciendo de la IA para crear directamente las piezas publicitarias. Aprovechando las nuevas evoluciones de la IAG en formato vídeo, hemos visto marcas que se han lanzado a crear campañas generadas íntegramente con IA.

Toys«R»Us lanzó el primer spot publicitario creado íntegramente con IA: Guion, música y vídeos. Como experimento es muy interesante ver cómo han exprimido Sora, el motor IAG de vídeo de OpenAI para hacer la película. Es interesante ver cómo se van resolviendo aspectos como la consistencia de los personajes a lo largo del spot, aunque todavía no es perfecta. El spot ha generado mucha expectación, y por tanto ha cumplido su objetivo al ser el primero. Pero aún queda camino por recorrer para crear spots perfectos con IAG.

Sin embargo, sí que hemos visto herramientas muy útiles para redes sociales donde la calidad no es primordial, que pueden ayudar mucho a la comunicación de pequeñas empresas con bajos presupuestos. Es el caso, por ejemplo, de Kuikads, una *startup* española que presenta una herramienta de uso muy sencillo en la que podemos crear una *story* para Instagram de una manera sencilla y con un resultado muy espectacular. La herramienta te propone cuatro *slides* que podemos personalizar con textos, imágenes creadas por IA o incluso imágenes animadas mucho más visuales, llamadas a la acción, etc. y que luego convierte en un pequeño vídeo listo para publicar en redes. Un uso muy inteligente de la IA que puede aportar mucho valor a este segmento de la empresa pequeña o autónomos.

Inversión en tecnología de las agencias creativas

Aportar soluciones basadas en IA a los clientes de las agencias es costoso y merece una reflexión. A la hora de invertir en estas soluciones tecnológicas observamos dos grandes tendencias en el mercado.

Vemos compañías, como Publicis, en las que su estrategia va orientada a la creación de grandes plataformas digitales a las que les van sumando módulos y módulos y tratan de ir dar las soluciones a sus clientes desde un solo lugar. Invierten grandes presupuestos en desarrollos propios que se ajustan al máximo a las necesidades del cliente, creando modelos SAS. A estas plataformas se le integró la IA y ahora la IAG, haciéndolas cada vez más potentes.

Sin embargo, la visión de otras agencias, como Dentsu, es la de optimizar y adaptar las herramientas creadas por las grandes tecnológicas (Salesforce, Microsoft, Google...) para cubrir las necesidades concretas de cada cliente. El *reason why* de esta estrategia se basa en que son necesarios muchos recursos y mucho presupuesto para crear herramientas que compitan con las de los grandes *players* de la tecnología y, por supuesto, para ser capaces de mantenerlas y de ir evolucionándolas al ritmo que exige el mercado. Por tanto, tiene sentido ser un experto en la adaptación, optimización e integración de las herramientas de terceros en los clientes para garantizar que sus necesidades queden satisfechas y solo desarrollar tecnología propia en caso de que no exista aún, o que la que haya no sea suficientemente buena.

Riesgos éticos y legales del uso de la IAG

No soy abogado ni experto en temas legales, pero no quería dejar de apuntar ciertos riesgos del uso de la IAG en el área creativa.

La primera reflexión es acerca de los datos con los que se han entrenado las herramientas de IAG. Y en esta primera reflexión quiero distinguir dos apartados: los sesgos del algoritmo y los derechos de autor.

Los datos con los que se han entrenado las herramientas de IA son claves en los resultados que producen. Las herramientas de IAG son como cajas negras: se entrenan con millones de datos y se ajustan sus parámetros en base a esos entrenamientos hasta que los resultados son aceptables. Ahora bien, cuando usamos una herramienta de IAG no sabemos con qué datos ha sido entrenada y mucho menos en base a qué produce las respuestas. Por tanto, si los datos de entrenamiento contienen sesgos, por ejemplo, de sexo, de raza, etc., los resultados van a mostrar inevitablemente esos mismos sesgos; y, cuando trabajamos con marcas, eso puede ser muy peligroso. Hemos visto, por ejemplo, que cuando le pedimos a herramientas como Midjourney que nos creara una imagen de un doctor, los resultados eran imágenes de doctores que respondían a un patrón de hombre, blanco, de mediana edad y rasgos caucásicos. No aparecen imágenes de mujeres ni de perfiles de otras razas o edades. Esto, que parece anecdótico, puede llegar a ser muy peligroso si no se controla. Así que es muy importante saber con qué herramientas trabajamos y entender muy bien cómo funcionan.

El otro aspecto de los datos de entrenamiento que me gustaría destacar es el de los derechos de autor. ¿Las herramientas de IAG que utilizamos se han entrenado respetando los derechos de autor de los contenidos de entrenamiento? En muchos casos se han entrenado aprovechando un vacío legal que les ha permitido estar dentro del marco legal, aunque éticamente pueda no ser tan aceptable. Y aquí me gustaría resaltar cómo compañías de banco de imágenes, como Getty, fuertemente impactadas por la IAG, se están reconvirtiendo, y cómo han implementado herramientas de IAG de generación de imágenes en su negocio, pero con una diferencia importante: sus modelos de IAG han sido entrenados aprovechando todo su contenido con el permiso de los autores, y los beneficios de la creación de imágenes revierte también en los propios autores. Al estar entrenadas con contenido de calidad, ya que es su propio catálogo que han ido alimentando y curando a lo largo de su existencia, los resultados que devuelven también reflejan ese punto más de calidad.

Sobre los derechos da autor también hay que plantarse la siguiente pregunta: ¿A quién pertenecen los derechos de las imágenes creadas por una herramienta de IAG? Y este punto es muy delicado ya que, si estamos haciendo una pieza publicitaria para un cliente, no podemos permitir que las imágenes utilizadas estén libres de derechos y puedan ser usadas por otras marcas o usuarios. Cada herramienta de IAG tiene sus políticas de derechos, y es muy importante entenderlas bien para no tener sorpresas desagradables. Una recomendación muy útil es utilizar las imágenes generadas por la IA como base, para luego ser modificadas por el área creativa convirtiéndolas así en imágenes «únicas» y con derechos.

Conclusión

La verdad es que siempre se me ha dado fatal el hacer las conclusiones. Así que mejor, hablando del tema del que estamos hablando, dejemos que las haga una IAG. ¡Adelante, ChatGPT!

En definitiva, la inteligencia artificial generativa (IAG) está cambiando el juego en las agencias creativas, no solo haciendo más sencillo y rápido el proceso de creación, sino también abriendo nuevas posibilidades para conectar con los consumidores de maneras super personalizadas. Es evidente que la IAG está aquí para quedarse, y su impacto ya se siente fuerte en el mundo de la publicidad, ayudando a las agencias a destacarse al ofrecer ideas frescas y soluciones atractivas que realmente capturan la atención de la gente.

Pero, claro, integrar esta tecnología no viene sin sus retos. La necesidad de reglas claras y de educar más a la industria sobre cómo usar correctamente la IAG es crucial para evitar problemas legales y éticos. Las agencias que logren adaptarse y aprender constantemente en este entorno tan cambiante no solo van a sobrevivir, sino que van a florecer, marcando el camino a seguir en la evolución de la publicidad digital y la creatividad. En resumen, la IAG no es solo una herramienta más en el arsenal creativo, es una muestra clara de hacia dónde se dirige el futuro, donde la creatividad y la tecnología se unen para reimaginar lo que es posible en marketing y comunicación.

Este libro se terminó de imprimir en octubre de 2024 y es el resultado del esfuerzo colaborativo de expertos que, desde diversas perspectivas, han explorado los retos que plantea la inteligencia artificial en áreas como la ética, la comunicación y los negocios. Sus reflexiones aspiran a abrir nuevas vías para comprender en profundidad las transformaciones que estamos viviendo.

ChatGPT-4